© Verlag Friedrich Oetinger GmbH, Hamburg 2009
Alle Rechte vorbehalten
Layout: x-six agency GmbH, Hamburg
Druck und Bindung: Mohn media Mohndruck GmbH, Gütersloh
Printed in 2009
ISBN 978-3-7891-8450-5

www.oetinger.de

MANFRED SCHWARZ

DIE DDR

ZWISCHEN MAUER, TRABI UND CLUB - COLA

VERLAG FRIEDRICH OETINGER · HAMBURG

„Die Menschen in der DDR haben eine demokratische Revolution in Gang gesetzt."

Ein Interview mit Marianne Birthler, der Bundesbeauftragten für die Unterlagen des Staatssicherheitsdienstes der ehemaligen DDR

Wie deckt man die Arbeit eines Geheimdienstes auf? Kann man dessen Opfer rehabilitieren? Wie bringt man Licht in die Machenschaften einer ganzen Diktatur? Und wie funktioniert eine Diktatur? Dieses Buch berichtet vom Leben in der DDR. Statt eines Vorworts gibt Marianne Birthler im Gespräch einen ersten Einblick in das Wesen der DDR und darüber, was es bedeutete, darin zu leben.

Sie ist als Bundesbeauftragte für die Unterlagen des Staatssicherheitsdienstes der ehemaligen DDR an herausragender Stelle mit der Aufarbeitung der DDR-Vergangenheit beschäftigt (kurz BStU, siehe auch Kapitel 20). Die BStU bewahrt in ihren Archiven die Unterlagen des Ministeriums für Staatssicherheit (MfS oder kurz „Stasi") der DDR auf, also des Geheimdienstes, der die Bürger der DDR systematisch ausspioniert, drangsaliert und verfolgt hat. Die Hinterlassenschaft der Stasi dokumentiert die Herrschaftsmethoden und das Herrschaftswissen der SED als kommunistischer Staatspartei der DDR und ihrer Geheimpolizei. Mit insgesamt 158 Kilometer Schriftstücken, 15 500 Säcken mit zerrissenen Unterlagen, ferner 1,4 Mio. Audio- und Bilddokumenten ist es eines der größten Archive Deutschlands. Die Behörde wurde mit der Deutschen Einheit am 3. Oktober 1990 gegründet. Sie hat unter anderem den Auftrag, die Öffentlichkeit über Struktur, Methoden und Wirkungsweise der Stasi (siehe Kapitel 8) zu unterrichten. Sie stellt die verwahrten Akten der Öffentlichkeit zur Verfügung, um aufzuklären und um zu forschen. Die BStU trägt somit dazu bei, die Erinnerung an die SED-Diktatur, deren Verantwortliche und an ihre Opfer, aber auch an die Gegner des Systems wachzuhalten.

Information

Marianne Birthler wurde 1948 in Berlin geboren.

Sie war seit 1986 in der DDR-Opposition aktiv, zum Beispiel im „Arbeitskreis Solidarische Kirche" und in der „Initiative Frieden und Menschenrechte". Nach der Mitarbeit am Runden Tisch wurde sie im März 1990 Mitglied der Volkskammer (siehe Kapitel 19) und war bis zu deren Auflösung Sprecherin der Fraktion Bündnis 90/Die Grünen.

Von 1990 bis 1992 arbeitete sie als Ministerin für Bildung, Jugend und Sport im Land Brandenburg. Seit dem 11. Oktober 2000 ist sie die Bundesbeauftragte für die Unterlagen des Staatssicherheitsdienstes der ehemaligen DDR.

Marianne Birthler ist die Bundesbeauftragte für die Unterlagen des Staatssicherheitsdienstes der ehemaligen DDR

Frau Birthler, war die DDR eine Demokratie – so wie es in ihrem Namen stand?

Nein, die DDR war keine Demokratie, sondern von Beginn an eine Diktatur. Die SED sprach ja auch selbst von einer „Diktatur des Proletariats".

Woran kann man denn eine Demokratie als „echt" erkennen?

In Demokratien wird die Macht den Politikern vom Volk immer auf Zeit verliehen – durch freie Wahlen. Die Politiker haben öffentlich zu rechtfertigen, wie sie damit umgegangen sind, und die Wählerinnen und Wähler können entscheiden, ob sie diese Politiker bzw. ihre Parteien erneut wählen oder nicht. Weitere wichtige Merkmale sind die Gewaltentrennung und bürgerliche Grundrechte wie Meinungsfreiheit, Freizügigkeit oder Versammlungsfreiheit. Auch eine lebendige Bürgergesellschaft mit einer freien und unabhängigen Presse gehört dazu.

Und wie ist das in einer Diktatur wie der DDR?

In einer Diktatur ist die Macht nicht durch das Volk legitimiert: In der DDR zum Beispiel hatte die SED die Macht inne und war nicht bereit, sie zu teilen. Die sogenannten Wahlen waren eine Farce; sie waren weder frei noch geheim. Man konnte nicht zwischen verschiedenen Parteien entscheiden, dadurch hatten die Wähler keinerlei Einfluss auf die Machtverhältnisse. Wer sich an diesen Scheinwahlen nicht beteiligte, hatte mit Schikanen oder Nachteilen zu rechnen. Die Sitzverteilung stand bereits vor der Wahl fest.

Es gab in der DDR keine Gewaltentrennung. Medien, Gewerkschaften und andere Institutionen standen unter Kontrolle der SED. Das Volk der DDR war eingesperrt, Reisegenehmigungen in westliche Länder waren ein Gnadenakt, den man sich verdienen musste. Wer sich widersetzte, wurde beobachtet und verfolgt.

Gab es denn nicht auch eine Rechtsordnung in der DDR? Wie unterschied sich diese von der in einer Demokratie?

Natürlich gab es auch in der DDR Gesetze, die das zivile Leben regelten und nach denen Straftaten verfolgt wurden. Was allerdings eine Straftat war, wurde von der führenden Partei, der SED, festgesetzt und nicht von frei gewählten Parlamentariern.

Manches, was uns selbstverständlich ist, war in der DDR strafbar: Wer nicht arbeitete, konnte wegen Asozialität angeklagt werden, politischer Protest galt als (strafbares) Rowdytum und Kontakte in den Westen konnten als feindliche Verbindungsaufnahme kriminalisiert werden. Die in der DDR-Verfassung festgelegten Rechte waren nichts wert: Wo hätte man sie denn einklagen können?

In einem Rechtsstaat wie dem unseren gibt es dagegen die Möglichkeit, seine Rechte einzuklagen, nötigenfalls auch gegen staatliches Handeln. Das wäre in der DDR undenkbar gewesen. Auch in einem Rechtsstaat geschieht Unrecht, manchmal auch durch staatliche Stellen. Doch im Unterschied zu diktatorischen Systemen kann dieses Unrecht öffentlich benannt werden und jeder hat die Möglichkeit, sich legal gegen Unrecht zu wehren und die Verantwortlichen zu verklagen. Niemandem darf daraus, dass er sich wehrt, ein Schaden erwachsen.

Welche Einschränkungen haben Sie neben dem Fehlen von Demokratie und Rechtsstaatlichkeit in der DDR erlebt und empfunden?

Ich war durch die Mauer eingesperrt in der DDR. Wie Millionen andere auch. Es gab keine bürgerlichen Freiheiten wie Freizügigkeit, Meinungs-, Versammlungs- und Pressefreiheit. Und das hatte Folgen: In den Schulen, in den Universitäten und in den Medien durfte es immer nur eine Meinung geben. Niemand sprach öffentlich zum Beispiel über den Verfall der Städte oder die katastrophale Umweltsituation – dadurch verschlimmerte sich die Situation von Jahr zu Jahr. Viele hatten Angst vor der Stasi, deshalb herrschten außerhalb der Familie und des Freundeskreises Angst und Misstrauen vor.

Fühlten Sie sich auch persönlich bedroht?

Ich war bei der evangelischen Kirche angestellt und musste dadurch wenigstens keine Angst haben, aus politischen Gründen meine Arbeitsstelle zu verlieren. Natürlich wurde ich auch vom MfS überwacht. Für meine Kinder gab es zusätzliche Einschränkungen. Sie durften in der DDR kein Abitur machen, weil ihre Eltern politisch nicht angepasst waren.

Wie konnte man damit leben, zu wissen, dass im Prinzip jeder im Umfeld ein Spitzel sein konnte?

Nun, wir haben das damals schon vermutet. Wir haben auch oft darüber gesprochen und wussten, dass es in unserer unmittelbaren Umgebung möglicherweise Stasi-Spitzel gibt. Wir haben uns dann aber entschlossen, trotzdem offen miteinander zu reden.

Immer?

Bestimmte Dinge, von denen wir meinten, sie seien allzu gefährlich, haben wir nur außerhalb von geschlossenen Räumen besprochen oder mit Menschen, denen wir sehr vertrauten. Das ist klar. Aber wenn wir angefangen hätten, unser Leben komplett von der Stasi-Bedrohung bestimmen zu lassen, dann hätte die Staatssicherheit ja schon die Hälfte ihres Ziels erreicht. Wir haben uns sehr bemüht, unser Leben und unsere persönlichen Beziehungen nicht davon beeinträchtigen zu lassen.

Herauszufinden, ob man bespitzelt wurde, ist eine der Aufgaben Ihrer Behörde. Gibt es in der Welt vergleichbare Behörden?

Zuerst waren wir tatsächlich die Einzigen, die Geheimdienst-Akten geöffnet haben. Inzwischen gibt es ähnliche Institutionen in sieben Staaten Mittel- und Osteuropas. Ende 2008 haben wir ein europäisches Netzwerk dieser Institutionen gegründet, die sich mit der Aufarbeitung der kommunistischen Geheimpolizeien befassen. Aber es gab nach 1945 ja nicht nur kommunistische Diktaturen in Europa – denken Sie an Griechenland und Portugal. Die Spanier beispielsweise fangen jetzt – 30 Jahre nach dem Ende der Franco-Diktatur – damit an, diese Geschichte aufzuarbeiten.

Wie die Deutschen bei der Aufarbeitung der NS-Vergangenheit ...

Ja, in der Bundesrepublik Deutschland hat es lange gebraucht, bis man anfing, sich öffentlich mit den Verbrechen des Nationalsozialismus auseinanderzusetzen. Als 1991 das Stasi-Unterlagen-Gesetz im Bundestag diskutiert wurde, war deshalb eines der Argumente, dass wir in Deutschland nicht noch einmal 20 Jahre warten wollen.

Was waren genau die Motive, eine Behörde zu gründen, die sich mit der Geschichte der Stasi befasst?

Bereits in der letzten Volkskammer in der DDR im Jahre 1990 waren wir uns einig, dass wir aus unserer Vergangenheit lernen wollten. Vor allem geht es um die Opfer: dass sie erfahren können, wie der Geheimdienst in ihr Leben eingegriffen hat, und dass sie rehabilitiert werden können. Wer in der DDR zum Beispiel im Gefängnis gesessen hat, weil er gegen Atomwaffen auch in der DDR demonstriert hatte, war vorbestraft. Und nur anhand der Stasi-Unterlagen konnten viele nachweisen, dass sie keine wirklichen Kriminellen waren. Wir wollten andererseits wissen, wer aufseiten des Regimes und der Stasi Verantwortung trug. Schließlich wollten wir auch verstehen, wie das System von Partei und Stasi in der DDR funktioniert hat. Ich denke, daraus kann man auch für die Zukunft lernen, welche Gefahren für eine Demokratie bestehen.

Dabei sind die Akten der Schlüssel?

Ja – natürlich zusammen mit anderen Aktenüberlieferungen aus der DDR, die zum Beispiel im Bundesarchiv lagern. Das ist sehr wichtig, denn die damals Verantwortlichen neigen heute dazu, die Vergangenheit schönzureden. Insbesondere mit den Stasi-Akten können wir zeigen, wie total der Zugriff der SED-Diktatur auf die Menschen in der DDR sein konnte, wie massiv Menschen bespitzelt wurden, ja ganze Lebensläufe manipuliert und Berufsbiografien zerstört wurden. Dieses zentrale Wesensmerkmal der DDR wird zunehmend verdrängt.

Wie erklären Sie, dass man in der DDR einerseits Angst, Überwachung und Einschränkungen erlebte, andererseits aber glücklich sein konnte, etwa in der Kindheit oder in der Familie?

Auch Menschen, die in Unrechtssystemen leben, verlieben sich, haben Kinder und Freunde, schöne Erlebnisse in der Freizeit oder im Urlaub oder Erfolg im Beruf. So war es auch bei mir. Viele haben allerdings gar nicht mehr bewusst wahrgenommen, wie eingeschränkt ihr Leben war – vielleicht wollten sie es auch nicht wissen. Solche Menschen, die vor den politischen Missständen die Augen verschließen, sind den Diktatoren natürlich die liebsten.

Wie ging es Ihnen persönlich?

Gewiss habe ich unter den Einschränkungen in der DDR gelitten. Ich wäre gerne gereist, hätte gerne Zeitungen gelesen, in denen ich nicht beschwindelt wurde. Ich hätte es gerne gehabt, dass meine Kinder in der Schule ihre Meinung sagen können. Stattdessen musste ich meinen Kindern nach Gesprächen über politische Fragen sagen: „Sprecht darüber lieber nicht in der Schule. Es könnte gefährlich werden." Das Leben war nicht einfach in der DDR – auch aus ganz praktischen Gründen übrigens. Trotzdem war ich nicht unglücklich. Mein Leben war reich an interessanten Erfahrungen und ich hatte viele gute Freunde.

Haben Sie einmal überlegt, auszureisen?

Mein Mann und ich, wir haben immer mal darüber gesprochen. Gerade wenn wieder Freunde in den Westen gegangen sind. Oder wenn wir besonders unter Missständen oder Einschränkungen gelitten haben. Dann tauchte schon der Gedanke auf: Warum tun wir uns das eigentlich an? Wir haben uns dann aber – immer wieder – entschieden, in der DDR zu bleiben.

Warum?

Ich dachte, wenn ich es hier nicht schaffe, ein erfülltes Leben zu haben, dann schaffe ich das auch anderswo nicht. Und wir hatten auch das Gefühl, wenn alle gehen, die unzufrieden sind, dann verändert sich in der DDR nie etwas. Ich wollte auch persönliche Bindungen und Freundschaften nicht aufgeben.

Nachträglich sehe ich die Dinge aber etwas anders. Durch unsere oppositionelle Haltung haben wir unseren Kindern ungefragt zugemutet, in der DDR zu leben. Wenn die DDR fortbestanden hätte, hätten mir meine Kinder das vielleicht auch vorgeworfen. Aber zu unserem Glück ist die Mauer ja gefallen und meine Kinder konnten noch einmal durchstarten.

Wie und wobei hilft es uns, zu verstehen, woher wir – im Osten wie im Westen – kommen?

Ich glaube, unsere Geschichte – das sind unsere Wurzeln. Und wenn wir nicht wissen, woher wir kommen oder wie die Geschichte unseres Landes aussieht, dann ist es ein bisschen so wie bei einem Baum, der fast gar keine Wurzeln hat. Und somit auch nicht fest stehen kann. Nur wer die eigene Geschichte kennt, kann selbstbewusst – also sich seiner selbst bewusst – leben.

Wie ordnen Sie den Fall der Mauer in unserer Geschichte ein?

Die Menschen in der DDR haben eine friedliche Revolution in Gang gesetzt. Daraufhin fiel die Mauer und das Ende der SED-Diktatur war gekommen. In der dann offenen und demokratischen DDR entschieden sich 1990 die Menschen gegen das Weiterbestehen einer reformierten DDR und für die Deutsche Einheit. Die Revolution in der DDR war Teil der europäischen Freiheitsbewegung. Sie schüttelte die kommunistische Herrschaft ab und zugleich mit dem Fall der Mauer fiel der Eiserne Vorhang, der Europa geteilt hatte.

Wo sehen Sie die entscheidenden Meilensteine auf dem Weg dorthin?

Die Herbstrevolution erstreckte sich über einen längeren Zeitraum. Aber das entscheidende Datum ist für viele, auch für mich, der 9. Oktober 1989, ein Montag. Wieder fand eine große Demonstration in Leipzig statt. Auch in Berlin und anderen Städten versammelten sich Tausende Menschen. Am Abend dieses Tages hofften wir: Jetzt ist die Entwicklung nicht mehr umkehrbar.

Und dies vor dem Hintergrund von Gerüchten über eine gewaltsame Niederschlagung …

Noch zwei Tage vorher war es zu massenhaften und brutalen Verhaftungen gekommen. Und am 9. Oktober deutete vieles darauf hin, dass an diesem Abend die Sicherheitskräfte gewaltsam gegen Demonstranten in Leipzig vorgehen würden. Die Menschen ließen sich aber nicht entmutigen, die Zahl der Demonstranten nahm sogar noch zu. Ein Eingreifen des Staates hätte zwangsläufig zu einem Blutbad geführt. Leipziger Verantwortliche entschieden in dieser Situation, die Repression nicht zu verschärfen und nicht einzugreifen.

Was dann zum Sieg der Opposition, zum Fall der Mauer und der ganzen DDR führte.

Und nicht nur hierzulande. Im Jahr 1989 brachen nach und nach alle kommunistischen Herrschaftssysteme in Europa zusammen. Was für Berlin und Deutschland die Mauer war, war für Europa der Eiserne Vorhang. Er schied die freie Welt mit Demokratie, Marktwirtschaft und Rechtsstaat von den kommunistischen Diktaturen im Osten. Diese Grenze war bis 1989 undurchdringlich.

Was hat sich seitdem verändert?

Unermesslich viel: Millionen von Europäern leben endlich als freie Bürgerinnen und Bürger in demokratisch verfassten Staaten und die tödliche Bedrohung durch Atomwaffen, die auf beide deutschen Staaten gerichtet waren, hat ein Ende gefunden. Natürlich sind nicht alle Probleme gelöst, manche Gefahren sind auch größer geworden – ich denke zum Beispiel an die Klimakatastrophe und den Terrorismus. Aber nur freie Gesellschaften und demokratisch legitimierte Regierungen haben eine Chance, diese Probleme nachhaltig zu bekämpfen.

In welcher Hinsicht konnte bzw. musste man – als Ostdeutscher – nach '89 die Welt noch einmal neu verstehen?

Das Wichtigste war: Wir hatten zu lernen, in einer freiheitlichen Gesellschaft zu leben. Wo einem nicht mehr alles vorgeschrieben wird und wo man viel mehr Verantwortung für das eigene Leben hat. Auch mit den Rechten, die man nun hatte, musste man klarkommen, sie eben benutzen lernen. Ein Recht zu haben heißt ja noch lange nicht, es auch zu nutzen.

Und die praktischen Dinge des Alltags?

Da hatten wir genauso viel zu lernen. Wir mussten uns in einem anderen Rechtssystem zurechtfinden, es galten in vielen Bereichen des Lebens plötzlich ganz andere Vorschriften. Das alltägliche Leben, die Arbeitswelt, die Schulen, alles veränderte sich binnen kürzester Zeit grundlegend. Aber das Wichtigste war, mit den neu gewonnenen Freiräumen so umzugehen, dass man sie für sich nutzen konnte.

Wie sehr mussten auch die Westdeutschen dies tun?

Das tägliche Leben im Westen hat sich kaum geändert. Ich glaube aber, dass sich in den Köpfen vieler Westdeutscher inzwischen das Weltbild verändert hat. Sie mussten die Bilder, die sie vom Osten hatten, überprüfen. Viele haben nachträglich ihre Sicht auf die DDR verändern müssen, weil sie vieles erst nach dem Fall der Mauer zur Kenntnis genommen haben: wie der Alltag durch die Unfreiheit geprägt war und wie marode das wirtschaftliche und gesellschaftliche System insbesondere Ende der 80er-Jahre war.

Was halten Sie von der Meinung, die DDR sei der ehrenwerte Versuch gewesen, ein besseres Deutschland zu schaffen?

Nehmen wir zwei Beispiele: Manche hielten die DDR für besser, weil es dort keine Arbeitslosigkeit gegeben habe. Die Kehrseite war doch, dass viele Wirtschaftsbereiche vor dem

Zusammenbruch standen und nur durch staatliche Zuschüsse über Wasser gehalten werden konnten; aber diese Subventionierung war nicht mehr aufzubringen. Oder die These vom antifaschistischen Charakter der DDR: Als 1988 beispielsweise eine Schülergruppe in Berlin-Pankow auf rechtsextreme Strukturen in ihrer Umgebung aufmerksam machte und dagegen demonstrierte, flogen die Sprecher dieser Gruppe von der Schule. Warum? Weil sie an ein Tabu gerührt hatten und weil sie autonom gehandelt hatten. Und noch eins: Die ersten Jahre der DDR waren kein verheißungsvoller Anfang. Der Terror gegen die Bevölkerung war in diesen Jahren am schlimmsten und nicht wenige verloren ihr Leben oder verschwanden für lange Zeit in Gefängnissen.

Und wie stehen Sie zum Phänomen Ostalgie?

Da würde ich gern einen Unterschied machen. Ich kann nachvollziehen, dass Menschen, die heute existenzielle Sorgen haben, sich gern an Sicherheiten innerhalb eines geordneten, fürsorglichen Systems aus ihrer Vergangenheit erinnern. Die Brüche in den Lebenswegen waren gewiss oft hart – wie übrigens vorher für viele Menschen in der DDR auch, die oppositionell oder nicht opportunistisch waren. Ich würde mir jedoch wünschen, dass auch die vielfältigen Freiheiten wertgeschätzt würden, die diese Menschen gewonnen haben und auch täglich nutzen. Die andere Personengruppe sind diejenigen, die heute relativ gut dastehen und aus Blindheit oder Ideologie oder wegen politischer Ziele die DDR im rosigen Licht sehen.

Auf der anderen Seite machen einige die DDR extrem klein und sagen, die DDR sei nur eine Fußnote der Geschichte gewesen.

Das Leben von 17 Millionen Menschen über 40 Jahre ist – wo immer auf der Welt – keine Fußnote der Geschichte. Außerdem haben unzählige DDR-Bürger 1989/90 Geschichte geschrieben, indem sie mit der Friedlichen Revolution „ihre" Diktatur gestürzt, die Wiedervereinigung ermöglicht und vor allem einen ganz wichtigen Beitrag zur europäischen Einigung geleistet haben.

Können Sie verstehen, dass viele Menschen das Gefühl haben, „gemeinsam" mit der DDR gescheitert zu sein, sich dafür schämen und sich sogar zweitklassig fühlen?

Sind Sie sicher, dass viele Menschen wirklich so denken? Von denjenigen, die zum Machtapparat der SED zählten, schämen sich viele nicht – nach meinem Eindruck. Zweitklassig fühlen sich vermutlich etliche derjenigen, die in der DDR einen hohen sozialen Status hatten und nun nur über ein geringes Einkommen verfügen. Dieses Schicksal teilen sie mit vielen Menschen in Westdeutschland, auch dort gibt es sozialen Abstieg. Nicht akzeptieren kann ich, wenn zum Beispiel parteipolitische Kräfte aus dem Abstieg von ehemaligen DDR-Bürgern einen Ost-West-Gegensatz konstruieren und damit Vorurteile schüren.

Halten Sie das „Projekt Deutsche Einheit" für gelungen?

Im Großen und Ganzen ja. Ich halte die Deutsche Einheit für erfolgreich. Man muss sich doch klarmachen, welch große Aufgabe es war, zwei so unterschiedliche Gesellschaften zusammenzuführen. Dies ist, wenn auch mit Spannungen, letzten Endes friedlich und ohne soziale Katastrophen gelungen. Ich will den Erfolg der Deutschen Einheit an zwei Vergleichen – auch wenn die Ausgangslagen unterschiedlich sind – aus dem europäischen Raum deutlich machen: In Belgien sind heute die Spannungen zwischen Flamen und Wallonen so stark, dass die staatliche Einheit fast gefährdet erscheint; der föderale Staat Jugoslawien ist in den 90er-Jahren geradezu „explodiert". Wenn man solche Entwicklungen sieht, können wir auf die Deutsche Einheit stolz sein. Gleichwohl ist festzustellen, dass auch Fehler gemacht wurden – manche spüren wir bis heute.

Wahrscheinlich hätte man die Einheit langsamer angehen sollen?

Ja. Aber natürlich gab es auch politische Interessen, die seinerzeit eine Rolle gespielt haben. Am bedeutsamsten scheint mir, die wichtigste Errungenschaft – die Demokratie – nicht erneut zu gefährden. Die oft niedrige Wahlbeteiligung und eine zunehmende Skepsis gegenüber demokratischen Verfahren und Institutionen dürfen uns nicht kaltlassen. Wenn wir in diesem und im nächsten Jahr 20 Jahre Friedliche Revolution und Deutsche Einheit feiern, sollten wir auch diese Zukunftsfrage diskutieren.

Wie kann, wer die DDR nicht mehr bewusst erlebt hat, mit Eltern und Großeltern über das Leben in der DDR, das zweigeteilte Deutschland und die Wiedervereinigung ins Gespräch kommen? Manchmal erzählen diese ja nicht von sich aus.

Gewiss sprechen Erwachsene manchmal ungern über Themen, die ihnen unangenehm sind – übrigens genauso wie Jugendliche. Vielleicht könnte es helfen, gemeinsam in Ausstellungen zu DDR-Themen zu gehen oder einen Film anzusehen und dann nach den Erfahrungen der Eltern zu fragen. Manche Eltern haben auch ihre Schulbücher, alte Briefe oder Andenken aufbewahrt – auch alte Fotoalben können Anlass für ein Gespräch sein.

Was wäre für Sie eine gute Entwicklung aus solchen Gesprächen und der Beschäftigung mit der Geschichte überhaupt?

Nach meiner Erfahrung wissen es Jugendliche zu schätzen, wenn ihre Eltern ehrlich mit ihrer Vergangenheit umgehen – auch wenn es dabei um Irrtümer und Umwege geht. Dabei lernen beide Seiten etwas – und zugleich wächst der Respekt voreinander. Wir können aus der Geschichte viel lernen – und ich glaube, dass sie uns klüger macht – für die Aufgaben, die vor uns liegen. Die Herbstrevolution in der DDR zum Beispiel kann auch eine Ermutigung sein, sich selbst für Freiheit und Menschenrechte einzusetzen.

Im Fokus: Angebote der BStU speziell für Jugendliche

Die Stasi-Akten sind ein einzigartiger Fundus für die Bildungsarbeit.

Die Beschäftigung mit konkreten Beispielen eröffnet Schülerinnen und Schülern einen authentischen Zugang zu der Frage, wie sich Menschen unter den Bedingungen einer Diktatur verhalten. Die Akten erzählen von Verführbarkeit, Angst und Hass, aber auch von Mut und Loyalität. Wer gelernt hat, wie die Geheimpolizei in das Leben Einzelner eingegriffen hat, weiß besser, welchen Wert Freiheit und Demokratie haben.

Die BStU hat den gesetzlichen Auftrag, die Öffentlichkeit über Struktur, Methoden und Wirkungsweise des Staatssicherheitsdienstes aufzuklären. Der Zusammenarbeit mit Schulen kommt dabei eine große Bedeutung zu. Angeboten werden Archivführungen und Projekttage, aber auch Lehrerfortbildungen. Zudem stehen interessante Materialien für den Unterricht zur Verfügung. So wurden zum Beispiel Auszüge aus den Stasi-Akten sowie ein original Stasi-Schulungsfilm aufbereitet und zugänglich gemacht. Anhand dieses Materials können sich Jugendliche ein Bild machen, wie die Staatssicherheit gearbeitet hat und was das für Betroffene, auch für Jugendliche, bedeutete. Einmal geht es um einen Punk, der in die Fänge der Staatssicherheit geriet, ein anderes Mal um Jugendliche, die aus der DDR fliehen wollten, oder um ein Mädchen, das als Inoffizielle Mitarbeiterin angeworben wurde. Alle Informationen und die richtigen Ansprechpartner finden sich im Web: **www.bstu.bund.de** ansteuern und dort „Bildung" anklicken.

2. Kapitel

Blitzlichter aus 28 Jahren deutsch-deutscher Geschichte

Die Berliner Mauer und die gesamte innerdeutsche Grenze bestanden 28 Jahre, zwei Monate und 28 Tage. Warum sie gebaut, wie in ihrem Schatten gelebt wurde und welche Schicksale mit ihr verknüpft sind, davon soll in den folgenden Kapiteln berichtet werden. Natürlich kann man das Buch von Anfang bis Ende durchlesen. Aber man kann auch darin „surfen". Wer die Blitzlichter liest, weiß schnell, was wo zu finden ist:

Kapitel 3

Berlin (vier Sektoren)

Warum wurde Berlin geteilt?

Kapitel 4

? **Kapitalismus**

Warum führt eine Planwirtschaft zu leeren Regalen?

Kapitel 5

„Niemand hat die Absicht, eine Mauer zu errichten."

Wer verplapperte sich vor dem Mauerbau?

Kapitel 6

AKTION UNGEZIEFER

Was bedeutete die Teilung für die Menschen?

Kapitel 7

Warum führt eine Planwirtschaft zu leeren Regalen?

Warum gab es an der Grenze einen Todesstreifen?

Kapitel 8

GEHEIM

Wie arbeitete die Stasi?

Kapitel 9

FDJ

Wie wurden Kinder und Jugendliche beeinflusst?

Kapitel 10

NOV·9·89

Wie hieß der ostdeutsche Käfer?

Kapitel 11

Wie lebt es sich in der „Platte"?

Kapitel 12

Wie bezeichnete sich die SED selbst?

Kapitel 13

Was drohte, wenn ein Fluchtversuch scheiterte?

Kapitel 14

Welche Möglichkeiten gab es zu kritisieren?

Kapitel 15

130 Jahre Zuchthaus für 19 Jugendliche

Wie versuchten Jugendliche, sich gegen den Staat aufzulehnen?

Kapitel 16

Wie bedrohlich war der Kalte Krieg?

Kapitel 17

„Wir sind das Volk!"

Mit welchen Forderungen begannen die Demonstrationen 1989?

Kapitel 18

„Das wird ein Knüller für uns."
Egon Krenz

Wie schrieb eine Pressekonferenz Weltgeschichte?

Kapitel 19

Blühende Landschaften

Wie ging es nach dem Mauerfall weiter?

Kapitel 20

Gibt es heute Mauern in den Köpfen?

3. Kapitel

Erstes Aufbegehren in den 50ern

Die DDR – Zwischen Mauer, Trabi und Club-Cola

Der Weg zur deutschen Teilung

Wieso wurde Deutschland geteilt und das auch noch durch eine – für die eine Seite – schier unüberwindliche Grenze mit Mauer, Todesstreifen und Schießbefehl?

Die Berliner Mauer und die gesamte deutsch-deutsche Grenze waren Folge des verheerenden Zweiten Weltkrieges von 1939 bis 1945. Wer die Teilung verstehen will, muss ihre Vorgeschichte und die weltpolitischen Rahmenbedingungen kennen.

Deutschlands wechselvolle Geschichte

Deutschland war lange Zeit ein loser Staatenbund. Erst 1871 wurde das Deutsche Reich mit einem Kaiser an der Spitze gegründet. Im Ersten Weltkrieg (1914 bis 1918) unterlagen die „Mittelmächte", das Deutsche Reich, Österreich-Ungarn (Vorläufer Österreichs), Bulgarien und das Osmanische Reich (Vorläufer der Türkei). Die Monarchien in Deutschland und Österreich zerbrachen, in der Folge entstand in Deutschland die Weimarer Republik (benannt nach der in Weimar tagenden Nationalversammlung). Wissenschaft, Kunst und Kultur erlebten eine Blütezeit, die „Goldenen Zwanziger". Doch bereits 1929 zeichnete sich der Niedergang der jungen Republik ab: In einer großen Wirtschaftskrise kam es zu einer erschreckend hohen Arbeitslosigkeit. Eine soziale Absicherung wie heutzutage gab es nicht und so verbreitete sich die Armut.

Das „Dritte Reich": die Diktatur der Nazis

Dies nutzten die Nationalsozialisten aus. Die Bewegung organisierte sich in der Nationalsozialistischen Deutschen Arbeiterpartei (NSDAP). Die Partei war extrem völkisch (das Volk wurde als Rasse angesehen), antisemitisch und aggressiv gegenüber Andersdenkenden und anderen Staaten: Das als „rassisch hochstehend" angesehene deutsche Volk sollte „die Juden" bekämpfen und neuen Lebensraum erobern. Krieg galt als gerechtfertigtes Mittel. Parteivorsitzender war der aus Österreich stammende Adolf Hitler. Als die Nationalsozialisten 1933 in Deutschland an die Macht kamen, zerschlugen sie binnen weniger Wochen die Demokratie und errichteten an ihrer Stelle die nur scheinbar rechtsstaatliche Ordnung des „Dritten Reichs" (auch „Großdeutsches Reich"). Sie setzten die Grundrechte außer Kraft, verboten Gewerkschaften und Parteien (bis auf ihre eigene), hoben die Pressefreiheit auf und gingen gegen unerwünschte Personen mit rücksichtslosem Terror vor. Tausende Menschen verschwanden ohne Gerichtsverfahren in Gefängnissen und Konzentrationslagern.

1938 besetzten die deutschen Truppen Österreich. Kurz darauf wurde dessen „Anschluss" an das Großdeutsche Reich vollzogen, indem Österreich dem „Dritten Reich" einverleibt wurde und damit kein eigenständiger Staat mehr war, sein Staatsgebiet wurde in sogenannte Reichsgaue (Verwaltungsbezirke) aufgeteilt.

Die nationalsozialistischen Staats- und Parteiorganisationen kennzeichnete von Anfang an ihr Rassenwahn: Jüdische Mitbürger wurden gedemütigt, aus öffentlichen Ämtern entlassen, verfolgt und schließlich ermordet – binnen weniger Jahre kamen schätzungsweise sechs Millionen jüdische Männer, Frauen und Kinder aus ganz Europa gewaltsam ums Leben.

Das Brandenburger Tor am Ende des Zweiten Weltkrieges inmitten von Trümmmern

Der Zweite Weltkrieg

Am 1. September 1939 löste Hitler mit dem Überfall auf Polen den Zweiten Weltkrieg aus. Zu Beginn militärisch erfolgreich, wendete sich das Blatt mit dem Kriegseintritt der USA 1941 und der Niederlage in Stalingrad 1943. Am 30. April 1945 beging Hitler Selbstmord und am 8. Mai 1945 endete das finsterste Kapitel in der deutschen Geschichte mit der Kapitulation der Deutschen. Die schreckliche Bilanz von fünfeinhalb Jahren Krieg: 55 Millionen Getötete und die Verwüstung weiter Teile Europas.

Die Alliierten übernehmen das Ruder

Die vier Siegermächte USA, Großbritannien, die Sowjetunion und Frankreich teilten das deutsche Reichsgebiet in vier Besatzungszonen und die Hauptstadt Berlin in vier Sektoren. Die drei Berliner Westsektoren lagen mitten im sowjetisch besetzten Teil (SBZ). Die Sowjetunion oder Union der Sozialistischen Sowjetrepubliken, kurz UdSSR, war ein kommunistischer Staat. Er verstand sich als Diktatur des Proletariats (siehe unten) und war totalitär, sprich, er unterdrückte mit Gewalt jegliche Demokratie und unterwarf das gesamte politische, gesellschaftliche und kulturelle Leben seinen Vorstellungen.

So wurde nach 1945 das deutsche Reichsgebiet und Berlin aufgeteilt:

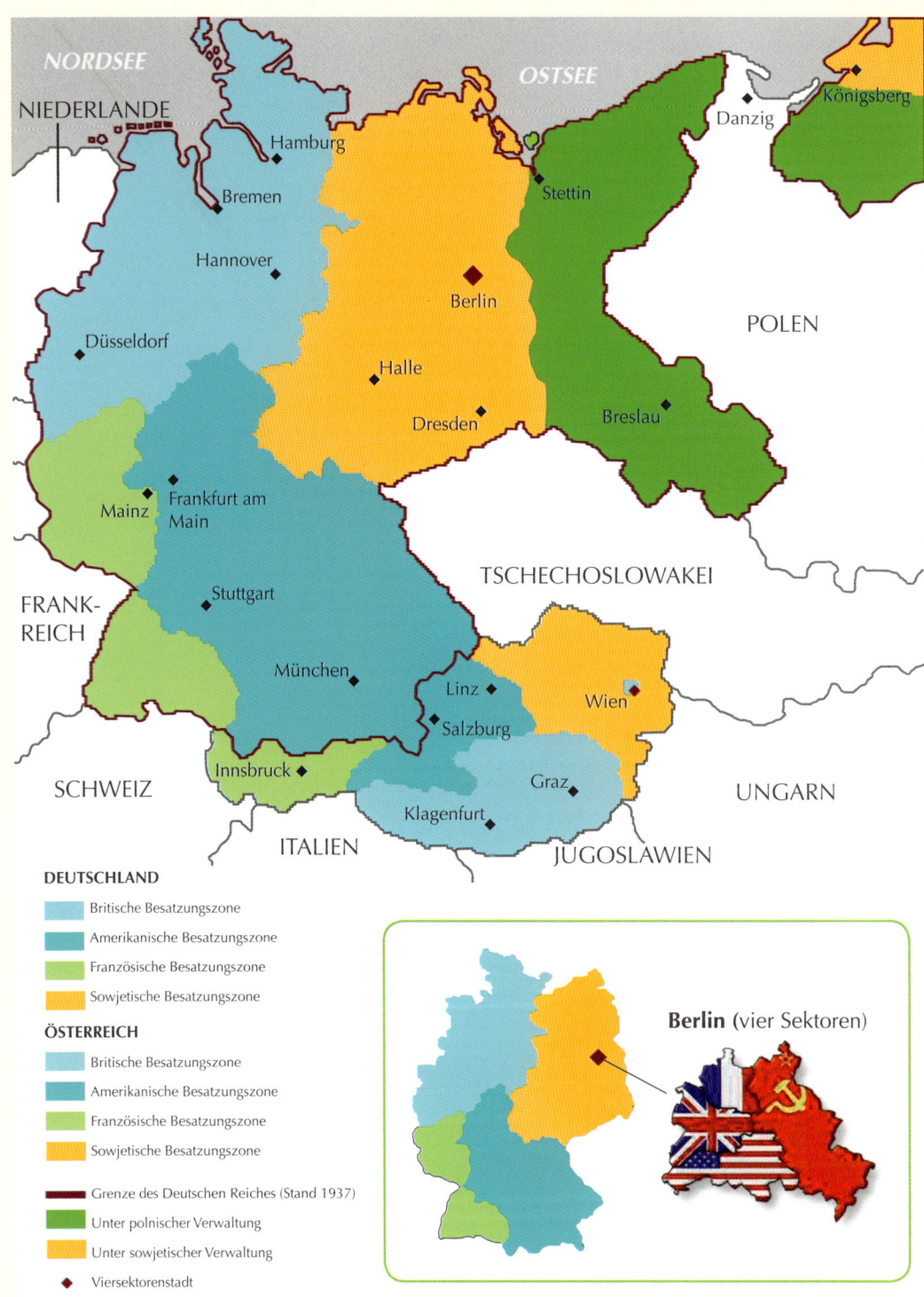

NORDSEE

OSTSEE

NIEDERLANDE

Hamburg

Danzig

Königsberg

Bremen

Stettin

Hannover

Berlin

POLEN

Düsseldorf

Halle

Dresden

Breslau

Mainz

Frankfurt am Main

TSCHECHOSLOWAKEI

FRANK-REICH

Stuttgart

München

Linz

Wien

Salzburg

SCHWEIZ

Innsbruck

Graz

UNGARN

Klagenfurt

ITALIEN

JUGOSLAWIEN

DEUTSCHLAND

- Britische Besatzungszone
- Amerikanische Besatzungszone
- Französische Besatzungszone
- Sowjetische Besatzungszone

ÖSTERREICH

- Britische Besatzungszone
- Amerikanische Besatzungszone
- Französische Besatzungszone
- Sowjetische Besatzungszone

- Grenze des Deutschen Reiches (Stand 1937)
- Unter polnischer Verwaltung
- Unter sowjetischer Verwaltung
- ◆ Viersektorenstadt

Berlin (vier Sektoren)

Das riesige Staatsgebiet der ehemaligen UdSSR

Die Folge der Nazidiktatur: zwei deutsche Staaten

Die vier Siegermächte konnten sich auf keine gemeinsame Verwaltung einigen, zu groß waren die Gegensätze zwischen den Demokratien im Westen und der sozialistischen UdSSR. Deshalb schlossen 1946/47 lediglich die USA und Großbritannien ihre Zonen zusammen. 1948 folgten die Franzosen. Diese „Trizone" wurde zuerst zu einem einheitlichen Wirtschaftsgebiet und wenig später zur Bundesrepublik Deutschland. Bereits im Sommer 1945 wurden Demarkationslinien zwischen den Besatzungszonen gezogen, die sogenannten „Zonengrenzen". Man errichtete Schlagbäume, stellte weiß-gelbe Holzpfeiler auf und markierte Bäume. Um die Zonengrenze zu überschreiten, war von nun an eine Genehmigung erforderlich. Aber zu Fuß oder mit dem Fahrrad passierten zum Beispiel viele Pendler täglich oft völlig unkontrolliert die Zonengrenze. Um von der Sowjetischen Besatzungszone (SBZ) in eine der Westzonen zu reisen oder umgekehrt, musste erst ab 1946 ein Interzonenpass beantragt werden. In der SBZ wurden erste Grenzanlagen aufgebaut: Stacheldrahthindernisse insbesondere in Waldgebieten, Straßensperren an grenzüberschreitenden Straßen und Wegen.

Die Währungsreform: der erste Schritt zur Teilung

Im Juni 1948 führten die Westalliierten in ihren Besatzungszonen und in den Westsektoren Berlins eine neue Währung ein: die D-Mark. Die UdSSR betrachtete dies als Bruch internationaler Abkommen, wonach Deutschland als politische und wirtschaftliche Einheit zu wahren war. Ihr war daran gelegen, Einfluss auch auf die westlichen Besatzungszonen zu behalten. Also antwortete sie mit einer totalen Wirtschafts- und Handelsblockade der Berliner Westsektoren.

Ein „Rosinenbomber" als Relikt des Kalten Krieges

Die Berlin-Blockade: Machtprobe zwischen Sowjets und dem Westen

Die Sowjets schnitten das mitten in ihrer Besatzungszone gelegene Westberlin von der Außenwelt ab: Vom 24. Juni 1948 bis zum 12. Mai 1949 konnten es die Westalliierten weder über die Land- noch über die Wasserverbindungen versorgen. Mit der Blockade wollte die Sowjetunion die Westalliierten zwingen, sich aus Berlin zurückzuziehen und die Stadt ihnen zu überlassen. Die US-Amerikaner errichteten daraufhin eine Luftbrücke: Am 26. Juni flog die erste Maschine der US-amerikanischen Luftwaffe zum Flughafen Tempelhof in Berlin, die Operation „Vittles" hatte begonnen. Es folgten französische und britische Maschinen. Die „Rosinenbomber" flogen rund 1,5 Millionen Tonnen lebenswichtiger Güter in den eingesperrten Teil der Stadt. Im Lauf der Aktion kamen 78 Menschen durch Abstürze oder Unfälle ums Leben.

Ernst Reuter

Der populäre Sozialdemokrat Ernst Reuter appellierte am 9. September 1948 vor etwa 300 000 Zuschauern an die ganze Welt, Westberlin nicht fallen zu lassen.
Im Dezember des gleichen Jahres wurde er zum Regierenden Bürgermeister von Westberlin gewählt.

Zitat

„Völker der Welt, schaut auf Berlin! Und Volk von Berlin, sei dessen gewiss, diesen Kampf, den wollen, diesen Kampf, den werden wir gewinnen!"

Ernst Reuter

Das Grundgesetz

1949 entstand aus den drei Westzonen die Bundesrepublik Deutschland als demokratischer Rechtsstaat. Ihre Grundlage ist das Grundgesetz, die deutsche Verfassung, die 1948 vom parlamentarischen Rat formuliert und von den drei westlichen Besatzungsmächten angenommen wurde. Diese behielten auch weiterhin Einfluss auf die Bundesrepublik. Das Grundgesetz wurde von den bundesrepublikanischen Landtagen angenommen und trat am 23. Mai 1949 in Kraft: die Geburtsstunde der Bundesrepublik.

Information

Senatsreserve

Jahrzehntelang lagerte der Westberliner Senat etwa vier Millionen Tonnen Güter für den Fall einer zweiten Blockade. Zeitweise bestanden über 700 meist geheime Lager in Westberlin.

Die Berlin-Blockade und die Luftbrücke waren der erste Höhepunkt des Kalten Krieges. Er verstärkte die Furcht vor einer sowjetischen Expansion in Europa.

Bundesrepublik

Hinterm Eisernen Vorhang: die DDR

1949 wurde das transatlantische militärische und politische Bündnis NATO gegründet. Die UdSSR antwortete mit der Gründung der Deutschen Demokratischen Republik (DDR), die jedoch bis 1955 unter Kontrolle der UdSSR stand. Erst danach gewährte die UdSSR der DDR volle Souveränität, behielt aber bis zum Ende großen Einfluss, etwa bei außenpolitischen und militärischen Fragen. Damit war die Teilung Deutschlands und Europas besiegelt. Durch Europa ging ein Eiserner Vorhang.

Die Flagge der DDR

Die Flagge der BRD

Auch wirtschaftlich festigte sich die Spaltung, unter anderem durch die 1952 gegründete Europäische Gemeinschaft für Kohle und Stahl im Westen (den Vorläufer der EU) sowie den Rat für gegenseitige Wirtschaftshilfe (RGW/COMECON) im Osten. In der DDR folgte man dem Muster der sowjetisch beherrschten „Volksdemokratien" Ost-, Mittel- und Südosteuropas: Staat und Gesellschaft wurden straff gelenkt und kontrolliert.

Information

Die Hauptziele der Regierung

unter Konrad Adenauer (CDU) bestanden darin, ein demokratisches, rechtsstaatliches Staatswesen und eine soziale Marktwirtschaft aufzubauen. Wichtige außenpolitische Ziele waren die Wiederherstellung der deutschen Eigenständigkeit (anfangs stand die Bundesrepublik unter der Verwaltung der Westalliierten) sowie die Westintegration, das heißt die wirtschaftliche und militärische Einbindung der Bundesrepublik in die Gemeinschaft der westeuropäischen Staaten und der USA. Adenauer war der erste Kanzler (1949 bis 1963) der Bundesrepublik Deutschland. Unter seiner Regierung kam es zum „Wirtschaftswunder" (siehe Kapitel 4), einem schnellen Wirtschaftswachstum, und zur Integration der Bundesrepublik in den Westen.

Bundes-
republik

Truppenstärke der NATO-Mitgliedsstaaten mit Kontingenten aus der USA und Kanada und der Staaten des Warschauer Paktes in Europa im Jahr 1959

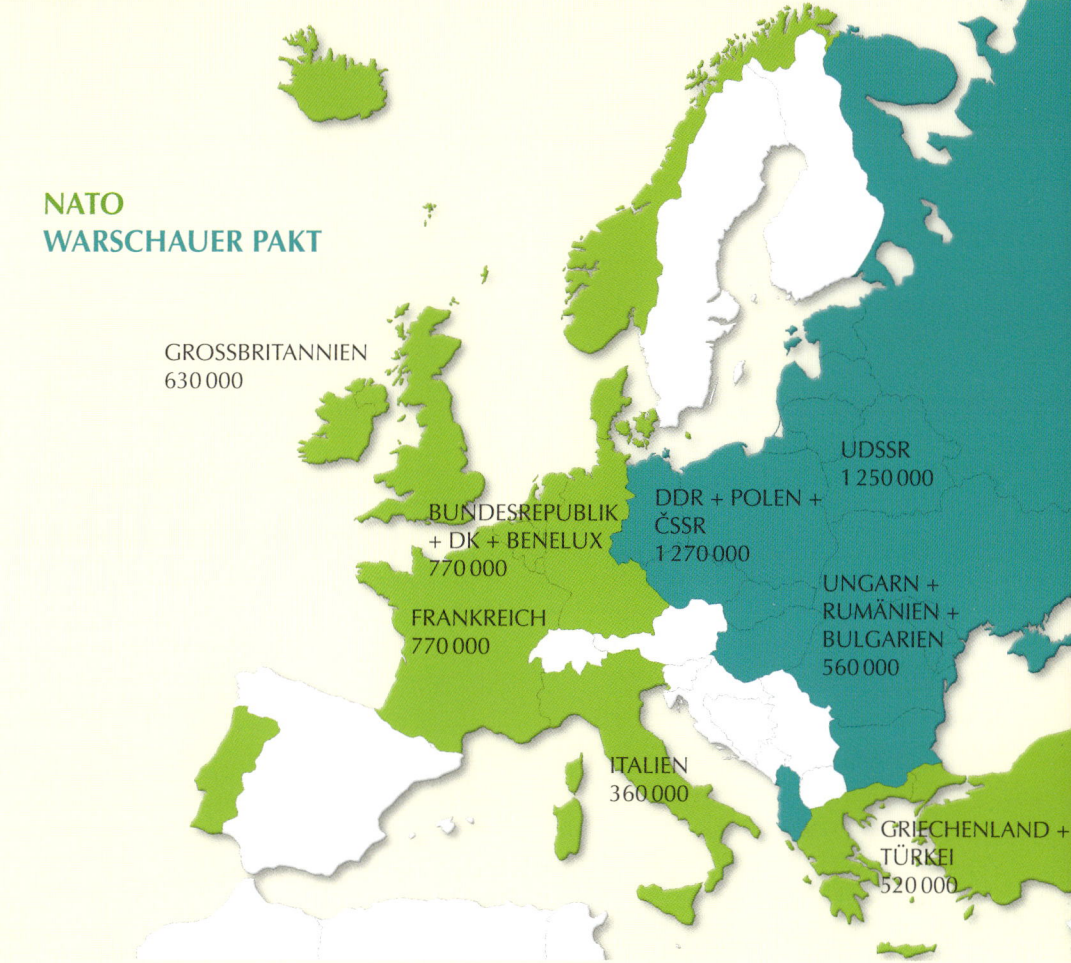

NATO
WARSCHAUER PAKT

GROSSBRITANNIEN
630 000

BUNDESREPUBLIK
+ DK + BENELUX
770 000

FRANKREICH
770 000

DDR + POLEN +
ČSSR
1 270 000

UDSSR
1 250 000

UNGARN +
RUMÄNIEN +
BULGARIEN
560 000

ITALIEN
360 000

GRIECHENLAND +
TÜRKEI
520 000

Zwei politische Systeme im Vergleich: Demokratie und Diktatur

Oft werden die Begriffe Republik und Demokratie gleichgesetzt. Es gab und gibt allerdings Republiken, die keine Demokratien waren oder sind, etwa die DDR. Heute gilt die Demokratie als die am besten geeignete Regierungsform, um das Leben in einer vielfältigen Gesellschaft zu ordnen. Sie gibt uns die Möglichkeit, Schwierigkeiten gemeinsam zu lösen. Dass Mehrheiten in den Parlamenten wechseln und möglichst viele Interessen berücksichtigt werden, sind Kennzeichen einer funktionierenden Demokratie.

Demokratie	Diktatur
Die Staatsgewalt liegt beim Volk. Die Bürger wählen zum Beispiel Parlament und Regierung.	Die Staatsgewalt liegt bei einer Person (Diktator) oder einer Gruppe. In der Sowjetunion und in der DDR hatte die Partei das Sagen, auch wenn man von der „Diktatur des Proletariats" sprach.

Modell Demokratie

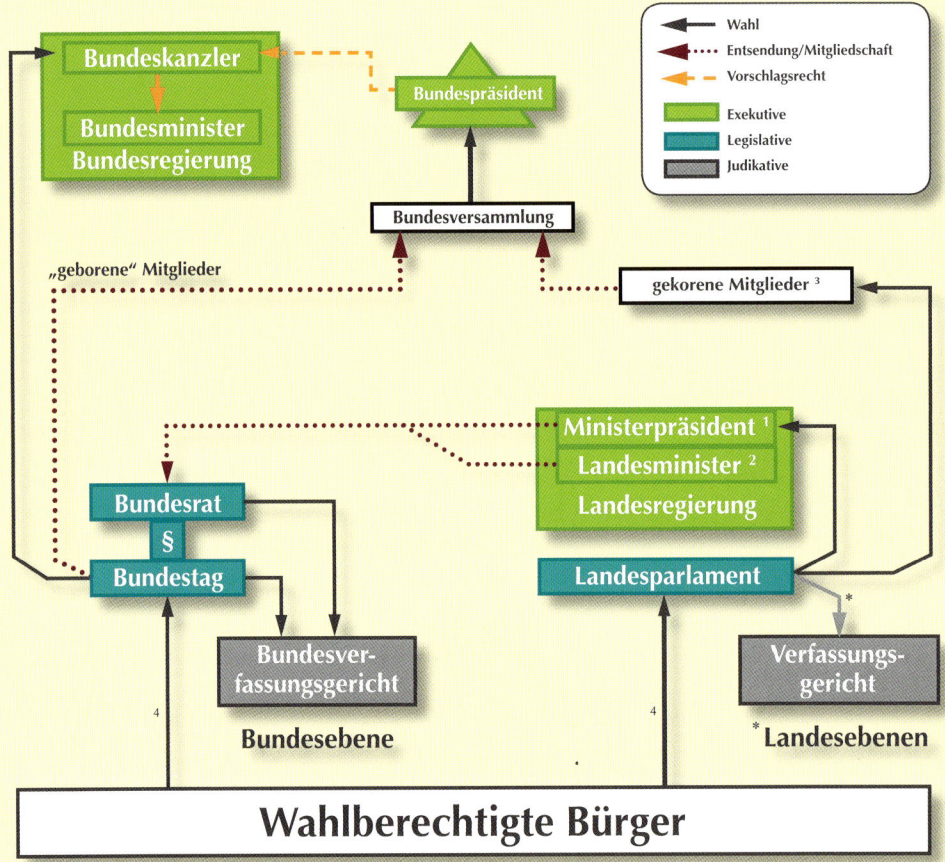

[1] Der „Ministerpräsident" wird in Bremen, in Hamburg und in Berlin genannt: *Bürgermeister, Erster Bürgermeister, Regierender Bürgermeister.*

[2] In den Stadtstaaten (Berlin, Hamburg, Bremen) heißen die Landesminister Senatoren. In Bayern werden die Minister Staatsminister genannt.

[3] Vom Landesparlament gewählte Vertreter des Volkes. Diese müssen nicht dem Landesparlament angehören.

[4] Die Wahlen sind frei, geheim und gleich.

[*] Je nach Bundesland existieren unterschiedliche Regelungen zur Bestimmung der Mitglieder des Verfassungsgerichtes auf Landesebene.

Im Fokus: Spielregeln der Demokratie

Wie Entscheidungen getroffen werden, ist in Demokratien genau festgelegt. Solche Spielregeln gab es in der DDR nicht. Grundlagen demokratischen Handelns sind:

- Teilnahme: In der Demokratie sind alle Staatsbürger an der Herrschaft beteiligt, sie beeinflussen, was in die Tat umgesetzt wird.

- Einflussnahme: Bürger wählen oder üben anderweitig Einfluss aus, zum Beispiel durch Volksentscheide.

- Minimalkonsens: Alle Bürger stimmen in den wichtigsten Grundsätzen und Grundrechten überein, etwa darin, die Menschenwürde, Menschenrechte und den Schutz von Minderheiten zu achten.

- Mehrheitsentscheidungen: Entscheidungen folgen dem Willen der Mehrheit. Sie können immer wieder neu diskutiert und anders getroffen werden, etwa bei der nächsten Wahl.

- Meinungsfreiheit: Jeder darf sagen, was er denkt.

- Gewaltenteilung: Damit ist die Trennung der drei grundlegenden Kräfte (Gewalten) gemeint, die jeden modernen Staat ausmachen. Das sind: die Legislative (Gesetzgebung wie die Parlamente), die Exekutive (ausführende Gewalt wie Regierung und Polizei) und die Judikative (Rechtsprechung wie Richter). Exekutive, Legislative und Judikative kontrollieren sich gegenseitig. Dadurch wird der Missbrauch von Macht verhindert, die Rechte der Bürger bleiben gewahrt. Jede „Gewalt" hat ihre eigenen Aufgaben. Die Gewaltenteilung ist das grundlegende Prinzip des Rechts- und Verfassungsstaates.

Diese Regeln galten in der DDR allenfalls sehr eingeschränkt.

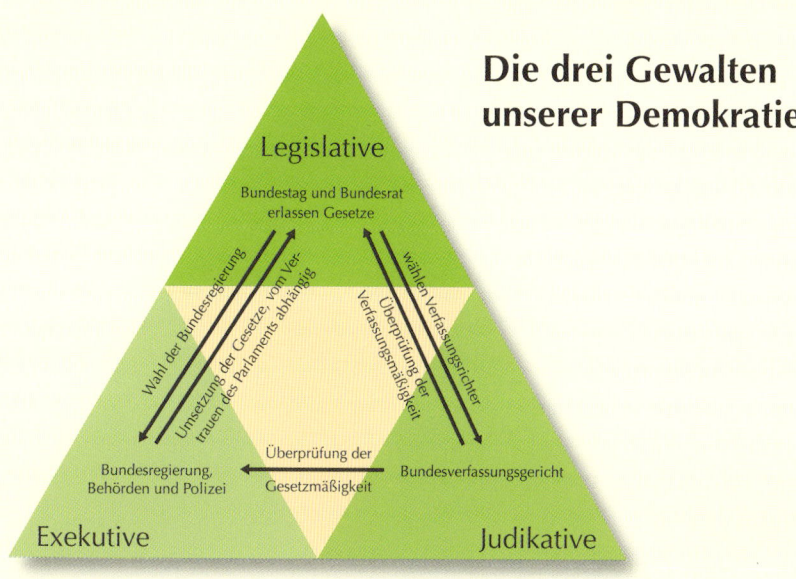

Die drei Gewalten unserer Demokratie

Legislative

Bundestag und Bundesrat erlassen Gesetze

Wahl der Bundesregierung

Umsetzung der Gesetze, vom Vertrauen des Parlaments abhängig

wählen Verfassungsrichter

Überprüfung der Verfassungsmäßigkeit

Überprüfung der Gesetzmäßigkeit

Bundesregierung, Behörden und Polizei

Bundesverfassungsgericht

Exekutive

Judikative

Unsere Art zu leben: Rechtsstaat und pluralistische Gesellschaft

Um zu beschreiben, wie wir in unserer westlichen Demokratie miteinander leben und umgehen, sind die Begriffe Rechtsstaat und pluralistische Gesellschaft wichtig.

In einem Rechtsstaat hat der Staat eine für alle gültige Rechtsordnung, die auf Grundrechten basiert wie dem Recht auf Leben, dem auf körperliche Unversehrtheit, also zum Beispiel dem Schutz vor Folter, sowie auf der Presse-, Meinungs- und Gedankenfreiheit. Jeder Bürger darf vor Gericht gegen seinen Staat vorgehen. Und alles, was der Staat tut, muss mit Verfassung und Gesetzen übereinstimmen. Im Gegensatz zum absolutistischen Staat bestimmen Gesetze die Macht des Staates. So sollen die Bürger vor Willkür geschützt werden. Die DDR war kein Rechtsstaat.

Der Begriff pluralistische Gesellschaft steht für nebeneinander bestehende, unterschiedliche Weltanschauungen und Lebenskonzepte innerhalb einer Bevölkerung. In unserer Gesellschaft werden diese durch mehrere (lateinisch: plures) gesellschaftliche Gruppen wie Parteien, Verbände oder Bürgerinitiativen vertreten.

Die DDR war durch den totalen Führungsanspruch der Sozialistischen Einheitspartei Deutschlands (SED) keine pluralistische Gesellschaft.

Die SED übernimmt die Macht

Die Sozialistische Einheitspartei Deutschlands (SED) entstand 1946 in der Ostzone: Unter dem Druck der sowjetischen Besatzungsmacht ging sie aus SPD und KPD hervor. Unter dem Einfluss der Sowjets entwickelte sie sich zur führenden Partei, sie wurde zu einer sogenannten „Staatspartei": Da SED-Funktionäre Spitzenpositionen in Exekutive, Legislative und Judikative einnahmen, wird das politische System der DDR auch als „Parteidiktatur" bezeichnet. Die Partei selbst nannte sich „Partei neuen Typus". Damit verwies sie auf den Marxismus-Leninismus (Kommunismus) als ihre Basis. Er war die Weltanschauung der UdSSR, die zum Beispiel festlegte, wie man im Kommunismus Wirtschaft betrieb, den Staat organisierte sowie welche Rechte der einzelne Bürger hatte und welche nicht. Organisationsprinzipien der SED waren Zentralismus, das heißt, alle Macht ging von der Parteizentrale aus, und straffe Parteidisziplin. Sie verstand sich als „Avantgarde des Proletariats", als führende Kraft im „Arbeiter-und-Bauern-Staat" DDR.

Verfolgungen, Verhaftungen, Anklagen und Verurteilungen von ehemaligen Sozialdemokraten und Arbeiterfunktionären sicherten den Kommunisten in der SED die Vorherrschaft. Neben der SED spielten die anderen sogenannten Blockparteien wie die Ost-CDU nur eine Nebenrolle.

Lustiges

Trifft ein DDR-Bürger einen Funktionär: „Genosse, wer hat eigentlich den Sozialismus erfunden? Ein Politiker oder ein Wissenschaftler?" – „Natürlich ein Politiker!" – „Das hab ich mir gedacht. Ein Wissenschaftler hätte ihn zuerst an Ratten ausprobiert."

Wie die SED organisiert war

Die SED organisierte sich schon in den Betrieben und öffentlichen Einrichtungen. Damit unterlagen praktisch alle Bereiche des öffentlichen Lebens ihrem Einfluss. Die Anforderungen der Partei an jedes Mitglied verdeutlicht die Losung „Wo ein Genosse ist, da ist die Partei". Damit erhielt die SED das Recht, die Betriebsleitungen zu kontrollieren (siehe Kapitel 4).

Strukturelle Entwicklung der Regierungskanzlei 1949–1952

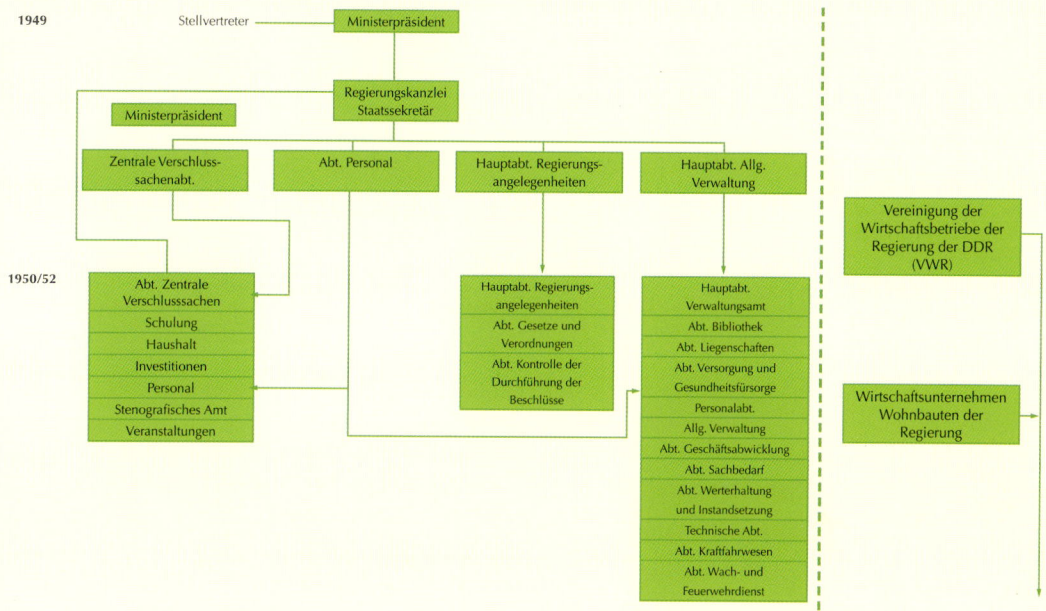

„Meine Eltern konnten nicht sagen: Das stimmt nicht, was die Partei da erzählt. Sie hätten sicher Ärger bekommen und mussten sich zurückhalten. In der Partei waren sie nicht. Unsere Eltern haben nicht mit uns über Politik und so gesprochen. Sie haben immer versucht, uns herauszuhalten. Sie haben eher weggeschaut. Aber sie haben uns auch angehalten, uns nicht ausfragen zu lassen, etwa von der Erzieherin im Hort, die immer wissen wollte, woher denn der schöne neue Pullover kommt, der natürlich sofort als Westprodukt zu erkennen war. Ich weiß nicht, wie ich mich damals als Mutter verhalten hätte."

Mirja Bosse

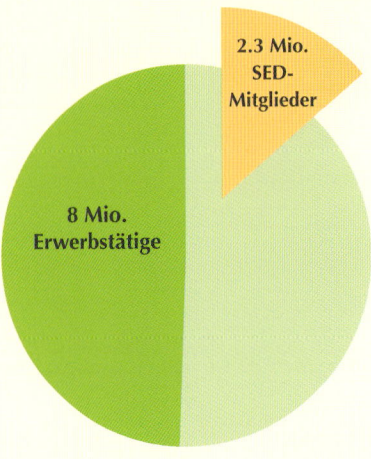

2.3 Mio. SED-Mitglieder

8 Mio. Erwerbstätige

16,8 Mio. Einwohner in der DDR

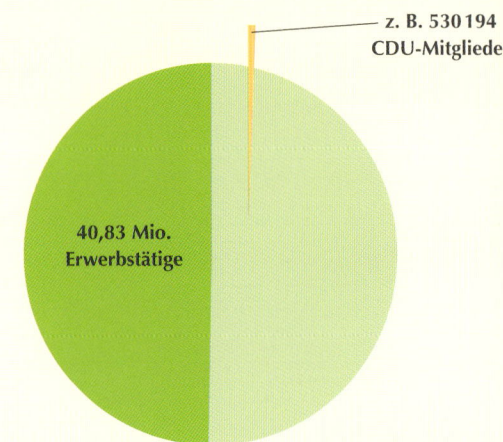

z. B. 530194 CDU-Mitglieder

40,83 Mio. Erwerbstätige

82,21 Mio. Einwohner in der Bundesrepublik

Die SED hatte zuletzt etwa 2,3 Millionen Mitglieder. Das war ein sehr hoher Anteil bei etwa 8 Millionen Erwerbstätigen und 16,8 Millionen Einwohnern in der DDR.

Information

CDU, SPD und FDP im Westen

Vor allem drei Parteien prägten die frühen Jahre der Bundesrepublik: die Christlich Demokratische Union Deutschlands (CDU) zusammen mit ihrer Schwesterpartei Christlich-Soziale Union (CSU), die Sozialdemokratische Partei Deutschlands (SPD) und die Freie Demokratische Partei (FDP). Die CDU/CSU sind christdemokratische, konservative Volksparteien. Die SPD ist ebenfalls eine große deutsche Volkspartei und die älteste im Parlament vertretene Partei Deutschlands. Die FDP ist eine liberale Partei, die anstrebt, die Freiheit und Verantwortung des Einzelnen zu stärken.

Bundesrepublik

Die Zentren der DDR-Macht: Zentralkomitee und Politbüro

Zwischen den Parteitagen war das Zentralkomitee (ZK) das höchste Organ in der Partei. Sein Machtzentrum war das Sekretariat, dem ein Generalsekretär vorstand. Der Generalsekretär war zugleich Vorsitzender des Politbüros und damit der mächtigste Mann im Staat. Zeitweise hieß der Generalsekretär auch Erster Sekretär.

In der politischen Rangfolge standen die Mitglieder des Zentralkomitees (ZKs) über den Ministern, das heißt, die ZK-Sekretäre und Abteilungsleiter durften den Ministern Anweisungen geben. Dies verdeutlicht die klare Führungsrolle der SED in der Politik der DDR.1989 bestand das ZK aus 165 Mitgliedern und 57 Kandidaten.

Die Generalsekretäre des ZKs waren:

- **Walter Ulbricht**, 1950 bis 1953, danach Erster Sekretär bis zum 3. Mai 1971

- **Erich Honecker**, 1971 bis 1976 Erster Sekretär, danach bis zum 18. Oktober 1989 Generalsekretär

- **Egon Krenz**, 18. Oktober 1989 bis zum 3. Dezember 1989 Generalsekretär

Walter Ulbricht   **Erich Honecker**   **Egon Krenz**

Die tagtägliche Leitung der Partei über-nahm das Politbüro. Es bestand aus 15 bis 25 Mitgliedern und etwa zehn Kandidaten (ohne Stimmrecht). Diese knapp 30 SED-Kader bildeten den innersten Machtzirkel der DDR. Die Regierung, der Ministerrat der DDR, hatte dessen Beschlüsse über die Ministerien umzusetzen. So wurde die „führende Rolle der Partei" sichergestellt. Staatsoberhaupt der DDR und also deren Präsident war der Staatsrat, der vor allem eine repräsentative Funktion hatte, vergleichbar der des Bundespräsidenten. Seit 1976 nahm Erich Honecker auch dieses Amt ein. Ein Beispiel für eine Ämterhäufung, wie sie nur in einer Diktatur möglich ist.

Machtstrukturen der DDR im Überblick

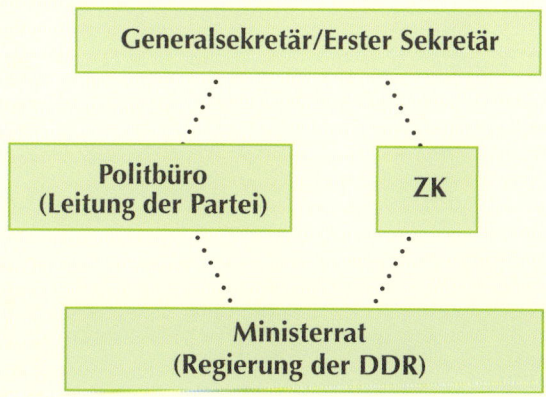

Die Rolle der Frau in der Politik

Das Zentrum der DDR-Macht war für Frauen kaum erreichbar. So gab es in der SED, die sich als Vorkämpferin für Frauenrechte ansah, selbst im Amt der SED-Bezirksleitung keine einzige Frau. Im Politbüro saßen lediglich zwei Frauen als „Kandidatinnen"

ohne Stimmrecht. Dem Ministerrat gehörten einzig die Justizministerin Hilde Benjamin (1953 bis 1967) und seit 1963 die Bildungsministerin Margot Honecker an. Die Frau Erich Honeckers wurde spöttisch „MissBildung" genannt.

Erstes Aufbegehren gegen die Sowjet-Diktaturen

Der 17. Juni 1953 in der DDR

In den Nachkriegsjahren war es schwierig für die DDR, die selbst gesetzten wirtschaftlichen Ziele zu erreichen. So erhöhte die SED-Führung die Arbeitsnormen, die Arbeiter sollten mehr leisten. Im Sommer 1953 kam es daraufhin vereinzelt zu kurzen Arbeitsniederlegungen und Protesten. Doch das Politbüro hielt an der Normerhöhung fest. Gleichzeitig versprach es dem Mittelstand und den Bauern politische Lockerungen und Zugeständnisse, wie etwa die Wiederzulassung von Einzelhandelsgeschäften, obwohl man in der sozialistischen Wirtschaft eigentlich lieber verstaatlichte

Unternehmen als selbstständige Ladeninhaber haben wollte. All dies schuf eine explosive Stimmung. Daraus entwickelte sich der Aufstand vom 17. Juni:
Bauarbeiter der Stalin-Allee in Berlin, einem Vorzeige-Bauprojekt der DDR, gingen als Erste auf die Straße. Demonstrierend zogen sie am 16. Juni vor das Haus der Ministerien. Von hier aus wurde die Planwirtschaft gelenkt (siehe Kapitel 4). Sie drohten mit Generalstreik und forderten Verhandlungen mit der Regierung, aber auch deren Rück-

tritt, freie Wahlen, die Einheit Deutschlands und politische Freiheit. Die Nachricht von der Demonstration verbreitete sich durch Kuriere und westliche Medien rasch in der ganzen DDR. Am 17. Juni fuhren sowjetische Panzer in Berlin und anderen Städten ein – schließlich hatte militärisch zu diesem Zeitpunkt die Sowjetunion in der DDR das Sagen. Der Ausnahmezustand wurde verhängt. Damit ging der offene Teil des Aufstands schnell zu Ende. 50 Menschen wurden getötet. Dennoch kam es bis zum

21. Juni in mehr als 550 Orten der DDR zu Demonstrationen, Streiks, Protesten von Belegschaften und zu Gewalttaten. Unruhen in den Betrieben und unter den Bauern gab es noch bis in den Juli hinein.
Nachdem der Aufstand niedergeschlagen war, wurden die „Rädelsführer" verfolgt: Sowjetischen Angaben zufolge verhaftete man insgesamt 7663 Personen und verurteilte 1526 Angeklagte, zwei zum Tode, drei zu lebenslänglicher Haft und 13 zu Zuchthausstrafen von 10 bis 15 Jahren.

Tag der Deutschen Einheit

Von 1954 bis 1990 war der 17. Juni in der Bundesrepublik Deutschland im Gedenken an den Volksaufstand in der DDR gesetzlicher Feiertag. Er trug den Namen „Tag der deutschen Einheit".

Bundesrepublik

Der Aufstand in Ungarn

1956 kam es auch im sowjetisch bestimmten Ungarn zu einem Volksaufstand. Mehrere 100 000 Demonstranten forderten mit Rundfunkbesetzungen und einem Generalstreik demokratische Wahlen sowie eine Loslösung von der UdSSR. Als der

neu ernannte Ministerpräsident Imre Nagy den Austritt aus dem östlichen Verteidigungsbündnis Warschauer Pakt verkündete, schlugen sowjetische Truppen den Aufstand nieder und töteten nach Schätzungen etwa 20 000 Ungarn.

Unterm Strich: Die deutsche Teilung hatte ihren Ursprung im Zweiten Weltkrieg

Ursache für die deutsche Teilung war der von Nazideutschland unter Adolf Hitler ausgelöste und verlorene Zweite Weltkrieg. Damit von deutschem Boden kein solch verheerender Krieg mehr ausgehen könnte, stellten die vier Siegermächte, die Alliierten, Deutschland unter ihre Kontrolle. Da

sich der Westen mit den USA, Großbritannien und Frankreich und der Osten mit der Sowjetunion auf keinen gemeinsamen Weg für Deutschland einigen konnten, kam es zu der Teilung durch den Eisernen Vorhang. Von nun an gab es zwei Deutschlands, die Bundesrepublik und die DDR.

Flüchtende Demonstranten beim Aufstand vom 17. Juni 1953

4. Kapitel

Selbst die Wohnungseinrichtung wurde nach
zentralen Plänen ausgerichtet.

Die DDR – Zwischen Mauer, Trabi und Club-Cola

Die DDR wirtschaftete nach Plan

Welche Waren werden hergestellt? Wer plant, wann, wie und wo produziert wird? Wem gehören die Produktionsmittel, also die Fabriken und Maschinen, die man zum Produzieren von Waren wie Autos braucht? Diese Fragen beantwortet die Wirtschaftsordnung. Die von der Bundesrepublik (früher und heute) ist grundlegend anders als die der DDR. In der Bundesrepublik gibt es die soziale Marktwirtschaft. Sie gründet auf dem Kapitalismus. In der DDR gab es eine sozialistische Planwirtschaft.

Zwei Wirtschaftsordnungen im Vergleich

Zwei völlig unterschiedliche Grundtypen stehen sich gegenüber:

	Kapitalismus	Sozialistische Planwirtschaft
Grundidee	Von einer unsichtbaren Hand (dem Markt) gelenkt, führen Privateigentum und Wettbewerb zum Wohl der Gesellschaft. Dabei herrschen das Konkurrenzprinzip und das Ziel der Gewinnmaximierung. Staatliche Eingriffe bringen diese Ordnung aus dem Gleichgewicht.	Das Risiko von Fehlinvestitionen und Arbeitslosigkeit ist dank Planung minimal. Indem man sich auf gesamtwirtschaftliche Ziele wie den Bau von Wohnungen konzentriert, erreicht man diese – theoretisch – schneller.
Einflussnahme durch den Staat	Der Staat schafft lediglich die Rahmenbedingungen, etwa für den Außenhandel.	Der Staat plant die Produktion, zum Beispiel in Fünfjahresplänen (fünf Jahre im Voraus).
Steuerung	Der Markt steuert sich selbst (Marktwirtschaft): Die Nachfrage bedingt das Angebot von Waren und Arbeitskraft.	durch die Staatliche Plankommission in Berlin, die zentrale Planbehörde
Produktionsmittel (Fabriken usw.)	in Privateigentum	in Staatseigentum
Kritikpunkte	Ein reiner Kapitalismus interessiert sich nicht für die weniger Leistungsfähigen. So hatte die Marktwirtschaft zum Beispiel im 19. Jahrhundert für die Arbeiter existenzbedrohende Folgen. Hilfe brachte schließlich ein Eingriff des Staates: Die Sozialversicherung und andere Sicherungssysteme wurden eingeführt.	Gerade durch die Planung entstehen zahlreiche Schwierigkeiten, etwa durch Fehleinschätzungen und auch dadurch entstehende Versorgungsengpässe. Die Nachfrage nach Waren und Dienstleistungen lässt sich nicht lange im Voraus abschätzen. Typische Beispiele für diese Schwierigkeit sind die gescheiterten Volkswirtschaften der ehemaligen sozialistischen Länder Osteuropas, wie die der DDR.

Beide Grundtypen kommen in der Regel in Mischformen vor, der Kapitalismus etwa als soziale Marktwirtschaft.

Am Konzept der sozialen Marktwirtschaft orientiert sich die bundesdeutsche Wirtschaftspolitik seit Mitte des vergangenen Jahrhunderts. Das Konzept verbindet die Idee des Kapitalismus mit den Zielen, Wohlstand für alle und sozialen Ausgleich zwischen Arm und Reich zu schaffen. Dabei sorgt der Staat für den Rahmen. Gleichzeitig greift er aber auch in den Wettbewerb ein: durch staatliche Versicherungssysteme wie zum Beispiel die gesetzliche Kranken- und Rentenversicherung sowie durch Sozialhilfe und Wohngeld. Der Staat darf allerdings nicht zu große Verantwortung übernehmen, denn staatliches Handeln kostet Geld und belastet so Wirtschaft und Gesellschaft mit Steuern und Abgaben. Beispiel hierfür sind Lohnnebenkosten wie etwa die Beiträge zur Arbeitslosenversicherung.

Ein Land wird neu verteilt: die Bodenreform in der DDR

Die großen landwirtschaftlichen Flächen jenseits der Elbe waren bis 1945 im Besitz weniger, meist adliger Familien. Von 1945 bis 1949, also noch zu Zeiten der sowjetischen Besatzungszone, vor Gründung der DDR, wurde eine Bodenreform durchgeführt: Als Kriegsverbrecher und aktive NSDAP-Mitglieder eingestufte Grundbesitzer und Großgrundbesitzer von über 100 Hektar Fläche wurden enteignet. Sie verloren Land und Eigentum. Ihnen wurde alles entzogen: von Wohnhäusern und Vermögen bis hin zu Mobiliar und Kleidung. Sie wurden aus ihren Heimatkreisen ausgewiesen und größtenteils in Lager gebracht, zum Beispiel nach Coswig oder Radeberg in Sachsen. Ihr Land bekamen andere Bauern.

Staatsbetriebe in der DDR: LPGs und VEBs

Diese Neubauern, natürlich linientreue Parteigenossen, wurden zwischen 1952 und 1960 in die nach sowjetischem Vorbild der Kolchosen neu gegründeten Landwirtschaftlichen Produktionsgenossenschaften (LPGs) gezwungen. Sie mussten ihr Land einbringen, blieben allerdings formal dessen Eigentümer – im Gegensatz zu den Bauern in den Kolchosen, die ihr Land an die Genossenschaft verloren. Eine LPG war der Zusammenschluss von Bauern, deren Produktionsmitteln, also zum Beispiel den Maschinen, sowie anderen Beschäftigten mit dem Zweck, gemeinsam zu produzieren.

Dem gegenüber stand der Volkseigene Betrieb (VEB), also der Betrieb des Staates, sprich letztlich der Partei. Er entstand durch Enteignung und Verstaatlichung von Privatunternehmen oft noch unter sowjetischer Besatzung. Von 1948 an bildeten Volkseigene Betriebe die Basis der zentralen Verwaltungswirtschaft.

Wer sich mit seinem Betrieb nicht einem VEB anschließen wollte, wurde teilweise durch immer höhere Abgaben und durch Benachteiligungen bei der Zufuhr der in der DDR meist knappen Waren und Rohstoffe behindert. Da so wichtige Güter und Rohstoffe zum Beispiel für die eigene Handwerksarbeit ausblieben, bedeutete dies oft den Ruin eines vormals gut laufenden Betriebes. Staatsbetriebe besaßen demgegenüber die größte politische Rückendeckung. Sie wurden am besten mit Produktionsmitteln ausgestattet und ihre Angestellten in der Regel am besten bezahlt. Die SED setzte alles daran, den Sektor der Staatsbetriebe immer weiter auszubauen.

Das Ziel der DDR: der „Aufbau des Sozialismus"

Führender Politiker in der sowjetischen Besatzungszone bzw. der DDR war seit 1947 der Kommunist Walter Ulbricht. Im Juli 1950 wurde er zum Generalsekretär der SED gewählt. Unter seiner Führung wurden Politik und Wirtschaft der DDR nach dem Vorbild der Sowjetunion umgestaltet. Im Juli 1952 verkündete Ulbricht den „Aufbau des Sozialismus" auch offizi-ell. Der „volkseigene", also der staatliche Anteil an Produktion und Handel wuchs, die Verstaatlichung der Landwirtschaft wurde eingeleitet und die Schwerindustrie wurde gefördert. Von der Schwerindustrie, der Stahl-, Eisen- und Bergbauindustrie, versprach man sich schnelle Erfolge beim Wiederaufbau, waren doch im Zweiten Weltkrieg viele Fabriken zerstört worden.

Zitat

„Überholen ohne einzuholen."

Walter Ulbricht

Mangelwirtschaft statt Vollendung der Planwirtschaft

Innenpolitisch verbesserte sich zu Beginn die Lebenslage der Bevölkerung. So ging um 1960 die Zahl der Flüchtlinge zurück. Die Wirtschaftsdaten versprachen einen Aufschwung. Deshalb verkündete die SED, ihre Hauptaufgabe sei nun die „Vollendung der sozialistischen Produktionsverhältnisse", also die Umgestaltung der DDR-Wirtschaft in eine sozialistische Planwirtschaft. Zudem wollte man Westdeutschland im Pro-Kopf-Verbrauch bei allen wichtigen Lebensmitteln und Konsumgütern überholen. 1959 wurde gar ins Auge gefasst, genauso viel zu produzieren wie in der Bundesrepublik, was eine Steigerung um rund 30 Prozent bedeutet hätte. Der Plan musste bereits 1962 vorzeitig aufgegeben werden: Die Staatsführung hatte die Möglichkeiten völlig falsch eingeschätzt. Die innere Situation der DDR verschärfte sich angesichts der schlechten Wirtschaftslage derart, dass der Zusammenbruch absehbar schien, wenn nicht einschneidende Maßnahmen erfolgten (siehe Kapitel 5). Mangelwirtschaft und Engpässe in Konsum und Produktion – Lieferschwierigkeiten bei Alltagswaren und jahrelange Wartezeiten auf neue Autos – blieben auch später Hauptcharakteristikum der DDR-Wirtschaft (siehe Kapitel 10 und 11).

Will ein DDR-Bürger ein Paar Schuhe kaufen und geht versehentlich in eine Metzgerei: „Sie haben keine Schuhe hier?" Sagt der Metzger: „Keine Schuhe gibt's nebenan. Hier haben wir kein Fleisch."

In der Eisenwarenhandlung: „Hoben Se Schrauben?" – „Nä." – „Hoben Se Nächel?" – „Nä." – „Was hoben Se denn?" – „Durchgehend geöffnet." – „Warum 'n dess?" – „Schloss is kaputt."

Wirtschaft der Bundesrepublik

Bis zum Ende der 1950er-Jahre entwickelte sich die Bundesrepublik zur zweitstärksten Wirtschaftsnation der Welt. Diese Position hielt Deutschland bereits vor dem Ersten Weltkrieg, damals allerdings auf einem mehr als doppelt so großen Staatsgebiet. Die politischen Weichen dieses „Wirtschaftswunders" stellte Ludwig Erhard, der von 1949 bis 1963 bundesdeutscher Wirtschaftsminister war. Im Bewusstsein der Bevölkerung endete die Nachkriegszeit mit dem „Wirtschaftswunder". Das Jahr 1955 wurde zum wirtschaftlich erfolgreichsten Jahr der deutschen Geschichte. Die Wirtschaft wuchs um 10,5 Prozent, die Löhne stiegen ebenfalls um 10 Prozent, der Bestand an Kraftfahrzeugen vergrößerte sich in diesem Jahr um 19 Prozent. Jetzt bildeten sich in der Urlaubszeit die ersten Staus.

Bundes-
republik

Unterm Strich:
von der Plan- in die Mangelwirtschaft

Zum Sozialismus im Sinne der DDR gehörte nicht nur eine vollständige Kontrolle des politischen Lebens durch die Staatspartei SED, sondern auch die Umgestaltung der gesamten Wirtschaft. Die Machthaber zwangen alle in ihr System der Planwirtschaft. Wer sich nicht unterordnete, wurde Schritt für Schritt „ausgehungert" und in die Pleite getrieben. Stets behielt die SED den Finger auf allen wirtschaftlichen Entscheidungen. Und von Beginn an hinkte die DDR-Wirtschaft dem Westen hoffnungslos hinterher und hatte größte Mühe, von jedermann benötigte Produkte wie Autos zu liefern.

5. Kapitel

Die Welt wird geteilt.

Der Bau der Mauer

Zwischen 1949 und 1961 verließen etwa 2,6 Millionen Menschen die DDR und Ostberlin – meist in Richtung Bundesrepublik. Allein in den ersten Augustwochen des Jahres 1961 flohen mehr als 47 000 DDR-Bürger, oftmals gut ausgebildete junge Menschen. Auch diese „Abstimmung mit den Füßen" gegen das DDR-Regime bedrohte die Wirtschaftskraft des Staates und letztlich seinen Bestand. Zusätzlich wurde das planwirtschaftliche System durch die vielen Westberliner und in Westberlin arbeitende Ostberliner belastet, die mit der auf dem Schwarzmarkt für Devisen günstig getauschten Mark der DDR (siehe Kapitel 11) die vergleichsweise billigen Grundnahrungsmittel und die wenigen hochwertigen Konsumgüter in Ostberlin kauften.

Die Zonengrenze bis 1961

1952 wurde die innerdeutsche Grenze aufseiten der DDR mit Zäunen und Alarmvorrichtungen gesichert und sie wurde bewacht. Dazu richtete man eine fünf Kilometer breite Sperrzone ein, die nur mit einer Sondergenehmigung betreten werden durfte. Eine solche Genehmigung erhielten normalerweise Anwohner. Nahe der Grenze gab es einen 500 Meter breiten Schutzstreifen, der unmittelbar an der Grenze in einen zehn Meter breiten Kontrollstreifen überging. Die 45,1 Kilometer lange Sektorengrenze zwischen West- und Ostberlin war jedoch kaum zu kontrollieren, der Flüchtlingsstrom riss nicht ab. Seit 1952 wurde in der SED überlegt, die Grenze zu Berlin-West abzuriegeln. Doch es fehlte die Zustimmung der Sowjetunion, eine Abriegelung war zudem wegen des Verkehrs nicht möglich: Vor dem Bau des Berliner Außenringes, eines Eisenbahnringes um Westberlin, war die DDR-Reichsbahn darauf angewiesen, durch Westberlin zu fahren.

Den Geheimplan fast „verplappert"

Der Plan, eine Mauer mitten durch Berlin zu bauen, war ein Staatsgeheimnis der DDR-Regierung. Am 15. Juni 1961 „verplapperte" sich allerdings der Staatsratsvorsitzende der DDR, Walter Ulbricht, um ein Haar auf einer internationalen Pressekonferenz in Ostberlin. Die Journalistin Annamarie Doherr von der Zeitung „Frankfurter Rundschau" hatte die Frage gestellt: „Herr Vorsitzender, bedeutet die Bildung einer freien Stadt Ihrer Meinung nach, dass die Staatsgrenze am Brandenburger Tor errichtet wird? Und sind Sie entschlossen, dieser Tatsache mit allen Konsequenzen Rechnung zu tragen?" Ulbricht brachte in seiner Antwort erstmals den Begriff „Mauer" ins Spiel – zwei Monate später wurde sie gebaut.

Zitat

„Ich verstehe Ihre Frage so, dass es Menschen in Westdeutschland gibt, die wünschen, dass wir die Bauarbeiter der Hauptstadt der DDR mobilisieren, um eine Mauer aufzurichten, ja? Äh ... Niemand hat die Absicht, eine Mauer zu errichten."

Walter Ulbricht

Mauerbau am Brandenburger Tor

Bei Nacht und Nebel: Der Bau beginnt

Die Mauer errichteten Bauarbeiter auf Befehl der SED-Führung. Dabei wurden sie von Polizisten und Soldaten geschützt und überwacht. In der Nacht vom 12. auf den 13. August 1961 wurden alle Straßen und Gleise nach Westberlin abgeriegelt. Sowjetische Truppen standen gefechtsbereit an den alliierten Grenzübergängen. Alle noch bestehenden Verkehrsverbindungen zwischen West- und Ostberlin wurden unterbrochen. Als ZK-Sekretär für Sicherheitsfragen war Erich Honecker für die Planung und Umsetzung des Mauerbaus verantwortlich.

Am 13. August wurde die Sektorengrenze abgeriegelt, vielfach zunächst nur durch einen Zaun oder indem man Hauseingänge zumauerte.

Ausbruch des
Zweiten Welt-
krieges

21. Juni: Einführung
der D-Mark in den
Westsektoren

12. Mai: Ende
der Luftbrücke

| 1933 | 1939 | 1945 | 1948 | 1949 |

Machtübernahme durch
die Nationalsozialisten

Ende des Zweiten Weltkrieges
mit der bedingungslosen Kapitulation der deutschen Streit-
kräfte, Aufteilung des Staatsge-
bietes in Besatzungszonen

24. Juni: Wirtschafts- und Handelsblockade Westberlins und
Beginn der Versorgung Westberlins über eine Luftbrücke

Letzte Fluchtmöglichkeiten:
Sprung über den Stacheldraht

Viele Menschen versuchten, in den darauf-
folgenden Tagen zu fliehen: Sie seilten sich
zum Beispiel an Bettlaken aus den Fenstern
der unmittelbar auf der Grenze stehenden
Häuser ab. Zug um Zug wurden die Fenster
zugemauert. Später riss man die Häuser
ganz ab. Ein Beispiel hierfür ist die Bernauer
Straße. Bis zum September 1961 desertierten
85 Sicherungskräfte nach Westberlin, außerdem gab es 216 gelungene Fluchtversuche.
Weltberühmt wurde Hans Conrad Schumann. Er war einer der ersten Flüchtlinge
nach dem Baubeginn der Berliner Mauer
(siehe Kapitel 13).Das Foto von seinem
Sprung über eine Stacheldrahtrolle zählt
zu den bekanntesten Bildern des Kalten
Krieges. Am 15. August 1961 bewachte
er die Berliner Mauer an der Kreuzung
zwischen der Ruppiner und der Bernauer
Straße. Damals war die „Mauer" an dieser
Stelle nur ein niedriger Stacheldrahtzaun.
Schumann nutzte die Gelegenheit: Er
sprang, streifte noch im Flug den Schulter-
riemen seiner Maschinenpistole ab, ließ
sie fallen und rannte weiter zu einem zehn
Meter entfernt stehenden Westberliner Poli-
zeiwagen.

*Flucht durch ein Fenster
in der Bernauer Straße*

7. Oktober:
Gründung
der DDR

17. Juni: Aufstand in der
DDR: Arbeiter fordern
u. a. freie Wahlen und
die Einheit Deutschlands.

Erste Augustwochen:
Der Flüchtlingsstrom
nimmt zu: 47 000
DDR-Bürger fliehen.

1952   **1953**   **1961**

23. Mai: Grundgesetz
der Bundesrepublik tritt
in Kraft, Entstehung der
Bundesrepublik aus der
Trizone

Grenze wird aufseiten
der DDR mit Zäunen
und Alarmvorrichtungen
gesichert und bewacht.

15. Juni: Walter
Ulbricht bringt
erstmals den
Begriff „Mauer"
ins Spiel.

Nacht vom
12. auf den
13. August:
Der Mauerbau
beginnt.

Hans Conrad Schumann
nutzt die Gelegenheit und
springt in den Westen.

Reaktionen auf den Mauerbau

Das offizielle Stimmungsbild übermittelte die Staatssicherheit (siehe Kapitel 8) der Parteiführung: Zum Bau der Mauer gebe es auf „organisierten Aussprachen und Kurzversammlungen ... überwiegend positive Stellungnahmen". Aber dies war die geschönte Sichtweise der Stasi, die der Führung nur berichtete, was diese hören wollte. Tatsächlich waren die meisten DDR-Bürger geschockt, entsetzt und ratlos. Bundeskanzler Konrad Adenauer rief die

Bevölkerung in der Bundesrepublik zu Ruhe und Besonnenheit auf. Nicht näher benannte Reaktionen der Bundesrepublik und der Alliierten würden folgen. Allein Willy Brandt (SPD), Regierender Bürgermeister von Westberlin, protestierte energisch gegen die Einmauerung. Zu der Protestdemonstration mit ihm am 16. August 1961 versammelten sich rund 300 000 Westberliner vor dem Rathaus Schöneberg.

Willy Brandt während einer Rede vor dem Schöneberger Rathaus

Die westlichen Alliierten reagierten schleppend auf den Mauerbau: 20 Stunden dauerte es, bis Militärstreifen an der Grenze erschienen, 72 Stunden, bis die Alliierten – um der Form Genüge zu tun – bei den Sowjets in Moskau diplomatisch protestierten. Zu einer direkten Konfrontation zwischen amerikanischen und sowjetischen Truppen kam es erst am 27. Oktober 1961 am Checkpoint Charlie auf der Friedrichstraße. Zehn Kampfpanzer der amerikanischen Armee standen zehn sowjetischen Panzern direkt gegenüber. Diese Machtdemonstration endete jedoch schon am nächsten Tag: Alle Panzer wurden wieder zurückgezogen. Keine der beiden Seiten wollte den Kalten Krieg wegen Berlin eskalieren lassen und damit einen Atomkrieg riskieren. Diese „kalte" Konfrontation hatte aber eine große politische Bedeutung: Indem sowjetische und nicht Panzer der DDR aufgefahren waren, war klar geworden, dass die Sowjetunion und nicht die DDR für den Ostteil Berlins verantwortlich war.

Bundesrepublik

John F. Kennedy

Im Juni 1963 besuchte US-Präsident John F. Kennedy Westberlin. In seiner Rede vor dem Rathaus Schöneberg sprach er über die Mauer und sagte die vier berühmten Worte „Ich bin ein Berliner." Mit diesem symbolischen Akt sicherte er den Westberlinern die Unterstützung der Amerikaner zu.

Unterm Strich: keine Chance, einzugreifen

Die millionenfache Flucht der DDR-Bürger in die Bundesrepublik zwang die politische Führung zum Handeln: Sie musste die Grenze dicht machen. Westdeutschland und die Westalliierten konnten dagegen nichts unternehmen. Ein militärisches Eingreifen hätte schließlich den Einflussbereich der Sowjets betroffen und so einen Weltkrieg zur Folge haben können. Die Deutsche Teilung war damit bis auf Weiteres „untermauert".

6. Kapitel

Ein Staat mauert sich und seine Bürger ein.

98663
illmuthausen

Die Grenze wird „gesäubert"

Von August 1961 an wurde auch weit vor der Sperrzone der deutsch-deutschen Grenze überwacht, wann sich wer wo bewegte: Fuhr ein Reisezug in grenznahe Orte, kontrollierten die Transportpolizei, die Volkspolizei oder freiwillige Helfer der Grenztruppen verdächtige Reisende und befragten sie zu ihrem Reiseziel. In der fünf Kilometer breiten Sperrzone aufgegriffene Personen ohne Passierschein wurden dem zuständigen Grenzkommando gemeldet. Versuchte Republikflucht war eine Straftat (siehe Kapitel 13). Durch diese umfassende Überwachung wurden 90 Prozent aller „Grenzverletzer" schon weit vor dem Grenzzaun abgefangen.

Zwangsumsiedlungen von der Grenze weg

„Politisch unzuverlässige" Bewohner der direkt an der Grenze liegenden Häuser siedelte man kurzerhand um, etwa 1952 in der „Aktion Ungeziefer" und 1961 in der „Aktion Kornblume".

Die „Aktion Ungeziefer"

Der Tarnname steht für eine vom Ministerium für Staatssicherheit (siehe Kapitel 8) vorbereitete und von der Volkspolizei durchgeführte Zwangsumsiedlung. Zwischen Mai und Juni 1952 mussten als „politisch unzuverlässig" eingeschätzte Bürger mit ihren Familien von der innerdeutschen Grenze ins Landesinnere ziehen.

Zum Teil hatten Nachbarn oder Bekannte die Betroffenen denunziert. Opfer der Zwangsumsiedlung wurden Bürger mit Kontakten in den Westen, außerdem Kirchgänger, ehemalige Angehörige der NSDAP, Bauern, die ihr Ablieferungssoll an den Staat nicht erfüllten, und Menschen, die sich in irgendeiner Form negativ über den Staat geäußert hatten. Vereinzelt stemmten sich ganze Dörfer gegen die Aktion, in diesen Fällen wurde Verstärkung angefordert und die Umsiedlung verzögerte sich um einige Tage. Die Betroffenen erhielten den Befehl, ihre Heimat innerhalb von 24 Stunden zu verlassen. Sie mussten mit all ihrem Hab und Gut in Güterwagen steigen und fuhren los, ohne das Ziel zu kennen. Angekommen, wies man ihnen eine Wohnung oder ein Haus zu, deren Wert meist nicht dem entsprach, um das man sie gebracht hatte.

Die „Aktion Kornblume"

Auch die „Aktion Kornblume" von 1961 war eine Nacht- und Nebelaktion: Zwischen 4.00 und 6.00 Uhr morgens rückten Kampftruppen mit offenen Lkws an. Sie luden die Möbel der fassungslosen Grenzanwohner ein und transportierten sie ab. Die Opfer mussten ihre Heimat innerhalb von vier bis sechs Stunden verlassen. Die Vertreibungen erfolgten mit Polizeigewalt, Einspruch zu erheben war nicht erlaubt.

Mit ihrem Vorgehen schuf die SED im Grenzgebiet eine Atmosphäre der Angst, des Misstrauens und der Verunsicherung. Historikern zufolge wurden bei den Aktionen „Ungeziefer" und „Kornblume" insgesamt bis zu 12 000 Menschen umgesiedelt. Rund 3000 Menschen entzogen sich dieser Maßnahme, indem sie aus der DDR flohen. Bis ins Jahr 1988 folgten weitere Einzelausweisungen.

Dem Erdboden gleichgemacht

Höfe und Dörfer, die beim Ausbau der Grenzanlagen störten, wurden nach und nach geräumt und schließlich zerstört. Beispiele hierfür sind Billmuthausen (zerstört von 1965 bis 1978), Erlebach (zerstört von 1975 bis 1986) und Leitenhausen (zerstört 1971) im Landkreis Hildburghausen.

Beispiel Billmuthausen

Das Dorf ist heute eine Gedenkstätte an der ehemaligen innerdeutschen Grenze. Bereits 1948 hatte man auf Befehl der russischen Besatzungsmacht das über 100 Jahre alte Gutshaus abgerissen. Aus dem mitten in der 1952 eingerichteten Sperrzone gelegenen Dorf flüchteten im gleichen Jahr sieben Billmuthäuser Familien – insgesamt 34 Personen – über die Grenze nach Bayern.

1961 wurden zwei Familien vertrieben. 1965 riss man die Dorfkirche ab, 1977 die Mühle. Im selben Jahr verkündeten die Behörden die vollständige Räumung. Die Grenzanlagen zogen sich fortan mitten durch das Dorf. 1978 wurde es dem Erdboden gleichgemacht und man deportierte die letzte Familie. Geblieben ist der Friedhof.

Alles, was von einem Ort übrig blieb – der Friedhof in Billmuthausen

Beispiel Bernauer Straße

Die Bernauer Straße verläuft im Berliner Bezirk Mitte. Während der deutschen Teilung stand hier ein Teil der Berliner Mauer. Berühmt wurde die Straße durch Fluchtaktionen (siehe auch Kapitel 5 und 7) aus den Fenstern der Häuser: Diese gehörten zum Ostteil Berlins, während der davorliegende Bürgersteig bereits in Westberlin lag. Von Hauskellern in der Bernauer Straße wurden Fluchttunnel in den Westen gegraben (siehe Kapitel 13). Die nach Westen gelegenen Eingänge und Fenster der Häuser in der Bernauer Straße wurden schrittweise zugemauert, die Dächer mit Sperren versehen. Im Herbst 1961 hatte man die letzten Grenzhäuser geräumt. In den Jahren nach 1963 wurden die Gebäude schließlich ganz abgetragen. So entstand ein militärisch übersichtlicher Bereich unmittelbar an der Mauer. Am 28. Januar 1985 wurde selbst die noch auf dem Mauerstreifen an der Bernauer Straße stehende Versöhnungskirche gesprengt. Noch heute zeugt eine breite Schneise auf der Südseite der Straße vom ehemaligen Grenzverlauf. An der Bernauer Straße befindet sich das Dokumentationszentrum Berliner Mauer (siehe Anhang).

Information

Fulda Gap

Bei Fulda trafen die beiden feindlichen Militärbündnisse von West und Ost, NATO und Warschauer Pakt, unmittelbar zusammen. Jahrelang war man überzeugt: Im Ernstfall würde die Rote Armee der Sowjetunion hier angreifen.

Die NATO entwickelte Verteidigungspläne für diesen Fall. Man konzentrierte amerikanische Truppenverbände um Fulda und zog sogar in Betracht, im Falle eines Angriffs Kernwaffen gegen die Truppen des Warschauer Paktes einzusetzen: im Gebiet um Fulda sage und schreibe an die 120. In vielen Straßen, besonders innerhalb eines etwa 50 Kilometer breiten Gürtels entlang der Grenze, wurden Sprengschächte angelegt, die nach ihrer Zündung den Vormarsch der feindlichen Armeen verlangsamt hätten.

Unterm Strich: keine Skrupel vor Zwangsumsiedlungen

Schon bei der Bodenreform zeigte die DDR-Regierung, dass sie keine Gewissensbisse hatte: Sie siedelte Menschen einfach um, die ihren Plänen im Weg standen. Als es darum ging, die deutsch-deutsche Grenze zu sichern, scheute sie sich nicht, ganze Dörfer zu zerstören und deren Einwohner zwangsumzusiedeln.

Brennpunkt Bernauer Straße

7. Kapitel

Panzersperren gab es entlang der gesamten deutsch-deutschen Grenze.

Die DDR – Zwischen Mauer, Trabi und Club-Cola

Getrennt durch einen Todesstreifen

Die innerdeutsche Grenze war mehr als eine Grenze zwischen zwei Staaten. Sie war Teil der Grenze zwischen zwei Welten: zwei Politik- und Gesellschaftssystemen (Demokratie – Diktatur), zwei Militärblöcken (NATO – Warschauer Pakt) und zwei Wirtschaftsblöcken (Europäische Wirtschaftsgemeinschaft – Rat für gegenseitige Wirtschaftshilfe). Sie war Teil des Eisernen Vorhangs, der sich nach Süden in den Grenzbefestigungen der Tschechoslowakei zur Bundesrepublik Deutschland fortsetzte (siehe Kapitel 3 und 16).

Der „antifaschistische Schutzwall"

In der Darstellung der DDR war die Grenze der „antifaschistische Schutzwall", er sollte angeblich das Land vor Übergriffen aus dem Westen bewahren. Rund 30 000 Soldaten waren dort stationiert. Sie hatten den Befehl, Flüchtlinge mit Waffengewalt aufzuhalten. Seit 1961 war die Grenze auf ostdeutscher Seite teilweise vermint und mit Signalzäunen und Hundelaufanlagen sowie von 1970 bis 1983 mit Selbstschussanlagen ausgestattet, die auf den geräumten Grenzstreifen der DDR ausgerichtet waren („Todesstreifen"). Wenn man von der deutsch-deutschen Grenze spricht, meint man im Prinzip zwei Grenzen: die innerdeutsche Grenze zwischen der Bundesrepublik und der DDR und speziell die Grenzanlagen in und rund um Berlin, also die Berliner Mauer.

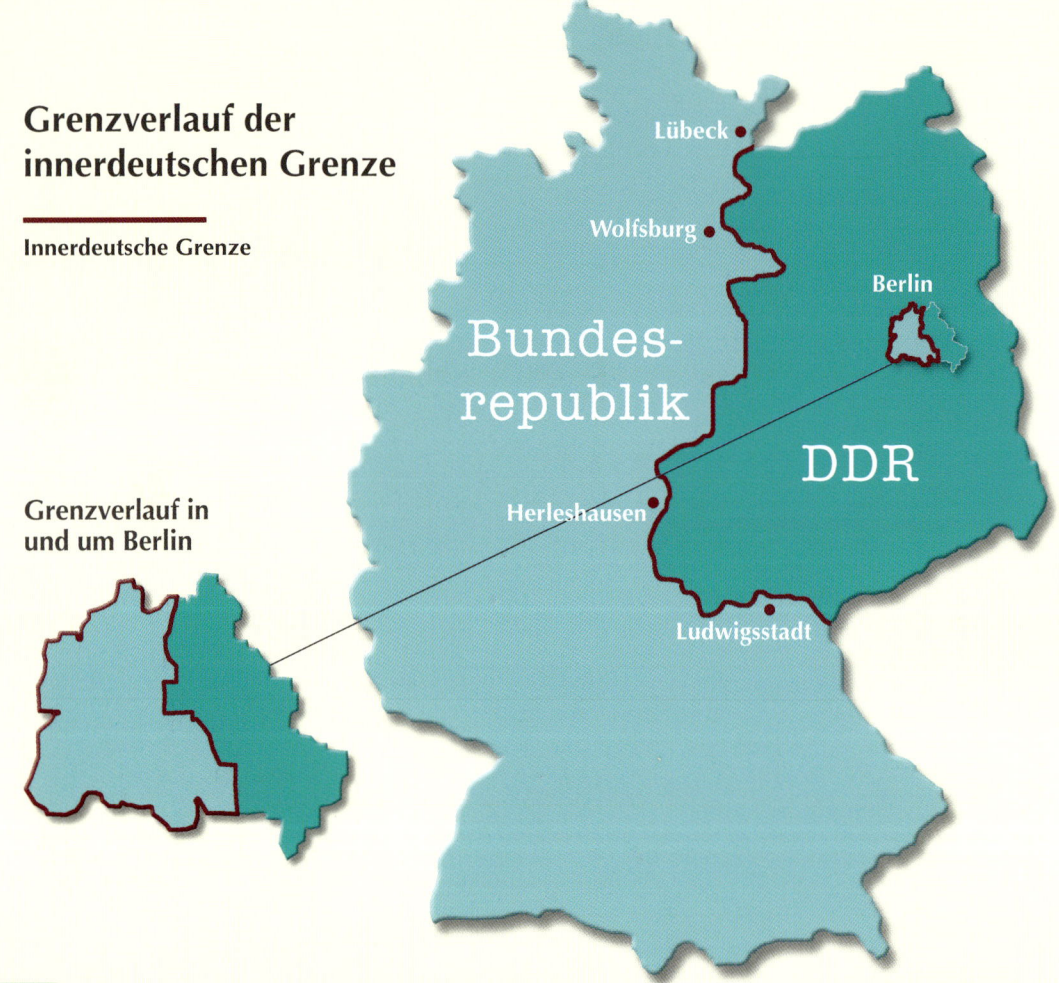

Grenzverlauf der innerdeutschen Grenze

Innerdeutsche Grenze

Grenzverlauf in und um Berlin

Lübeck

Wolfsburg

Berlin

Bundes-republik

DDR

Herleshausen

Ludwigsstadt

Der Aufbau der Grenzanlagen

Der Aufbau der Grenze war ein Militär-
geheimnis und daher den meisten
DDR-Bürgern nicht genau bekannt.
Die Grenzsoldaten waren zum Stillschwei-
gen verpflichtet. Untereinander nannten
sie die Mauer „Handlungsstreifen". Jeder
Zivilist mit auffälligem Interesse an Grenzanlagen lief mindestens Gefahr, vorläufig
festgenommen zu werden. Wer Pech hatte,
musste eine Haftstrafe wegen Planung eines
Fluchtversuchs verbüßen.

Zitat

„Wir hatten Glück, wir durften unser Auto mit in den Westen
nehmen. Aber am Grenzübergang Lübeck habe ich das erste Mal kapiert,
was mein Vater mit Mauer gemeint hatte. Ich war ja nie in Berlin gewesen. Ich
war elf Jahre alt, als ich dann die riesigen Grenzanlagen das erste Mal sah."
Maren Schüler

Die Grenzanlagen bestanden aus mehreren hintereinander gestaffelten Elementen.

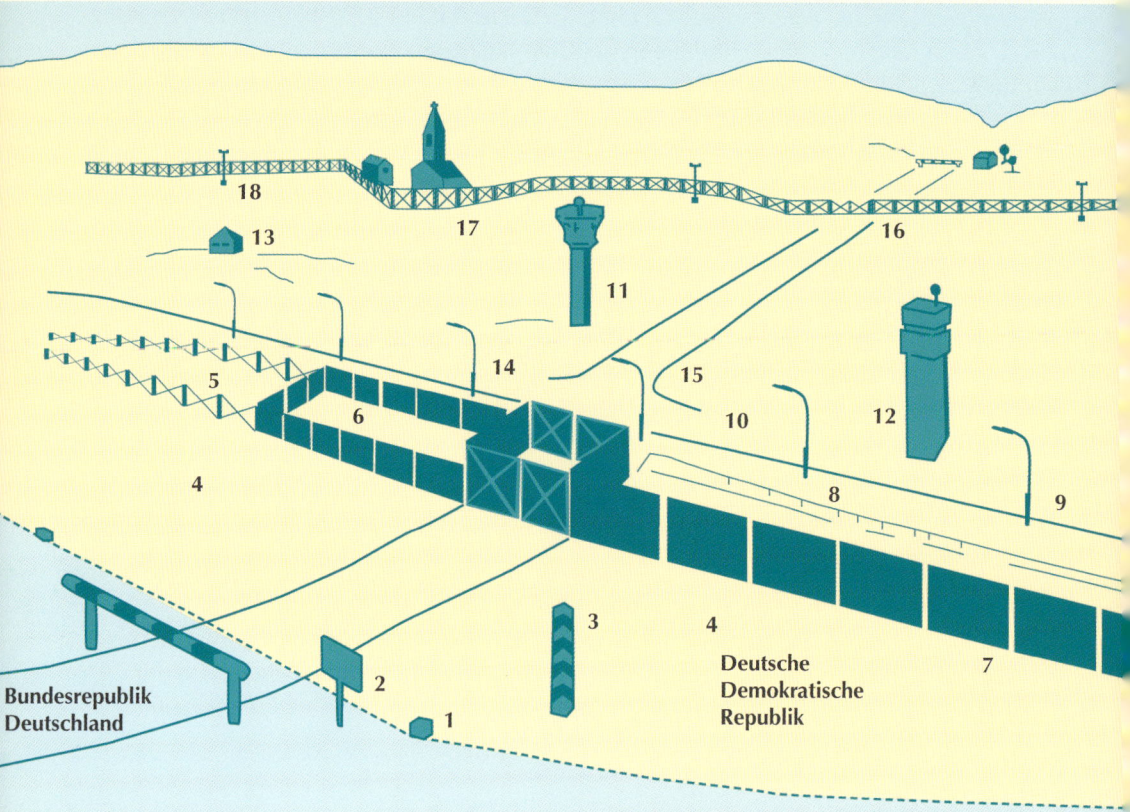

Erläuterungen

1 Grenzverlauf mit Grenzsteinen

2 Warnschild bzw. Grenzhinweispfahl unmittelbar vor dem Grenzverlauf

3 DDR-Markierungssäule (etwa 1,80 Meter hoch, schwarz-rot-gold mit DDR-Emblem)

4 Bis zu 100 Meter breiter Geländestreifen (abgeholzt und geräumt)

5 Zweireihiger Stacheldrahtzaun (Zwischenraum vermint)

6 Zweireihiger Metallgitterzaun (etwa 2,40 Meter hoch) (Zwischenraum zeitweise vermint)

7 Einreihiger Metallgitterzaun (etwa 3,20 Meter hoch) mit Selbstschussanlagen

8 Kfz-Sperrgraben (mit Betonplatten befestigt)

9 6 Meter breiter Spurensicherungsstreifen

10 Kolonnenweg

11 Beobachtungsturm

12 Beton-Beobachtungsturm mit Führungspunkt

13 Beton-Beobachtungsbunker

14 Lichtsperre

15 Hundelaufanlage

16 Kontrollpassierpunkt

17 Betonsperrmauer/Sichtblende (etwa 3,30 Meter hoch)

18 Schutzstreifenzaun mit elektrischen und akustischen Signalanlagen

Lustiges

Ein DDR-Soldat im Wachturm zum anderen: „Was denkst du eigentlich über unseren Arbeiter- und Bauernstaat?" – „Ich schätze mal, das Gleiche wie du." – „Dann muss ich dich leider festnehmen."

Ende der 80er-Jahre bestanden die sich auf dem Territorium der DDR befindlichen Grenz-anlagen der rund 1200 Kilometer langen deutsch-deutschen Grenze unter anderem aus (beginnend aus Richtung der DDR):

- Schutzstreifenzaun mit elektrischen und akustischen Signalanlagen

- Betonsperrmauer als Sichtblende, etwa drei Meter hoch

- Streckenweise Hundelaufanlagen (scharfe Schäferhunde, an Führungsdraht eingehängt), insgesamt 71,5 km

- Über 400 Beobachtungsbunker

- Über 500 Posten- und Beobachtungstürme mit Suchscheinwerfern, Sichtkontakt der Posten tagsüber, nachts wurden zusätzliche Grenzsoldaten eingesetzt

- Lichtsperren, um den Kontrollstreifen auszuleuchten (an manchen Stellen auch vor dem Kolonnenweg), insgesamt wurden über 230 Kilometer der Grenze ausgeleuchtet

- Kolonnenweg/Postenstraße, zur Grenzpostenablösung und um Verstärkung heranholen zu können

- Entlang der gesamten Grenze sechs Meter breiter Spurensicherungsstreifen. Auch Kontrollstreifen (KS) oder „Todesstreifen" genannt, war er immer frisch geeggt, um Spuren sofort feststellen zu können; durfte auch von den Grenzsoldaten nicht grundlos betreten werden und war zeitweise vermint und mit Selbstschussanlagen ausgerüstet.

- Rund 830 Kilometer Kfz-Sperrgräben und Panzersperren (aus kreuzweise verschweißten Eisenbahnschienen)

- Einreihiger Metallgitterzaun (ca. 3,2 Meter hoch), zeitweise mit Selbstschussanlagen ausgerüstet, 1989 gab es davon jedoch keine mehr

Panzersperren waren aus Eisenbahnschienen kreuzweise geschweißt.

Die Struktur der Berliner Grenzanlagen

Die Grenze in Berlin konnte nicht genauso aufgebaut werden wie die innerdeutsche Grenze, da innerhalb der Stadt nicht so viel Platz war für breite Grenzstreifen.

Die Berliner Mauer wurde wie die restliche innerdeutsche Grenze über weite Strecken mit umfangreichen Systemen aus Stacheldraht- und Panzerhindernissen, Gräben, Kontrollwegen und Postentürmen versehen. Etwa 1000 Diensthunde waren bis Anfang der 1980er-Jahre allein in Hundelaufanlagen eingesetzt. Dieses System wurde ständig ausgebaut: etwa indem man nahe der Mauer stehende Häuser sprengte. Am Ende zog sich eine breite, nachts taghell beleuchtete Schneise durch die einst an diesen Stellen dicht bebaute Stadt.

Minenfelder und Selbstschussanlagen wurden an der Berliner Mauer nicht aufgebaut, was aber in der DDR nicht allgemein bekannt war.

Die Grenze entlang der Berliner Mauer war also im Prinzip ähnlich aufgebaut wie die gesamte deutsch-deutsche Grenze, sie unterschied sich durch die eigentliche Mauer, die Betonplattenwand. Davon gab es nach Angaben des Stasi-Ministeriums im Frühjahr 1989 106 Kilometer. Die Mauer war zwischen 3,40 Meter und 4,20 Meter hoch.

Grenzverlauf und Grenzübergangsstellen in und um Berlin von der Bundesrepublik aus

- - - Grenze
● Grenzübergangsstellen

Stolpe/Heiligensee
(nur Transit)

Französischer Sektor

Chausseestraße/Reinickendorfer Straße
(nur Westberliner)

Bornholmer Straße/Bösebrücke
(nur Westberliner und Bürger der Bundesrepublik)

Staaken/Spandau
(nur Bahntransit)

Heerstraße

Invalidenstraße/Sandkrugbrücke
(nur Westberliner)

Bahnhof Friedrichstraße

Sowjetischer Sektor

Checkpoint Charlie/Friedrichstraße
(nur Ausländer und Diplomaten)

Oberbaumbrücke
(nur Westberliner)

Britischer Sektor

Heinrich-Heine-Straße/Prinzenstraße
(nur Bürger der Bundesrepublik)

Sonnenallee
(nur Westberliner)

Amerikanischer Sektor

Dreilinden/Drewitz
(nur Transit)

Griebnitzsee/Wannsee
(nur Bahntransit)

Waltersdorfer Chaussee
(nur Westberliner/Ausländer, nur zum Flughafen Schönefeld)

Aufbau und Ausstattung des Grenzkommandos Mitte

Für die Abriegelung der Grenze zu Westberlin war das Grenzkommando Mitte zuständig. Es gehörte zu den Grenztruppen der DDR und bestand 1989 aus 11 500 Soldaten und 500 Zivilbeschäftigten für allgemeine Verwaltungsaufgaben. Das Grenzkommando Mitte verfügte über 567 Schützenpanzerwagen, 48 Granatwerfer, 48 Panzerabwehrkanonen und 114 Flammenwerfer sowie 156 gepanzerte Fahrzeuge bzw. schwere Pioniertechnik, etwa zum Brückenbau, und 2295 Kraftfahrzeuge. Normalerweise waren pro Tag um die 2300 Soldaten direkt an der Grenze und im grenznahen Raum eingesetzt.

Grenzübergangsstellen: Tore zwischen den Blöcken

An der Berliner Mauer gab es über die Jahre hinweg bis zu fünfundzwanzig Grenzübergangsstellen: dreizehn Straßen-, vier Eisenbahn- und acht Wasserstraßengrenzübergänge. Mit dem Auto kam man in Berlin nur an zwei Stellen von West nach Ost oder umgekehrt: am Grenzübergang Dreilinden, ab 1982 am Grenzübergang Heiligensee und bis 1987 am Grenzübergang Staaken. Die innerdeutsche Grenze konnte man an einigen Grenzübergangsstellen passieren, zum Beispiel bei Lauenburg, Gudow, Helmstedt-Marienborn, Herleshausen, Töpen, Rudolphstein, Lübeck, Bergen, Duderstadt, Eußenhausen-Meiningen und Rottenbach.

Bei der Ein- und Ausreise wurde scharf kontrolliert. Zuständig hierfür war vor allem die Stasi, der Inlands- und Auslandsgeheimdienst der DDR, zusammen mit den Grenztruppen und den Mitarbeitern der Zollverwaltung. Während die Sach- und Personenkontrolle Aufgabe der Mitarbeiter der Zollverwaltung und der Grenztruppsoldaten war, übernahmen die Passkontrolleinheiten der Stasi Fahndung und Festnahmen an den Grenzübergangsstellen. Ihren Dienst versahen die Stasi-Mitarbeiter in Uniformen der Grenztruppen, so konnte man sie nicht von diesen unterscheiden.

Zitat

„Das Schlimmste beim Grenzübertritt unserer Ausreise war für mich, dass ich in ein Einzelzimmer gesetzt wurde. Die haben mich wirklich gefragt, ob ich mit meinen Eltern mitwill und ob ich sie lieb habe, ob ich mich bei ihnen wohlfühle, ob ich keine Angst habe vor dem, was im bösen Kapitalismus auf mich zukommt. Mich als Elfjährige! Dass das passieren würde, wussten meine Eltern zum Glück. Die hatten mir vorher eingeimpft, was ich sagen sollte. Aber ich hatte große Angst, etwas Falsches zu sagen und dableiben zu müssen. Auch meine Mutter hatte irre Angst, dass sie etwas finden, etwa dass sie ihre Kinder nicht staatsgerecht erzogen habe. Am Grenzübergang fühlten wir uns wie in der Falle. Die hätten ja wer weiß was mit uns machen können."

Maren Schüler

Straßen-Grenzübergangsstelle (Variante)

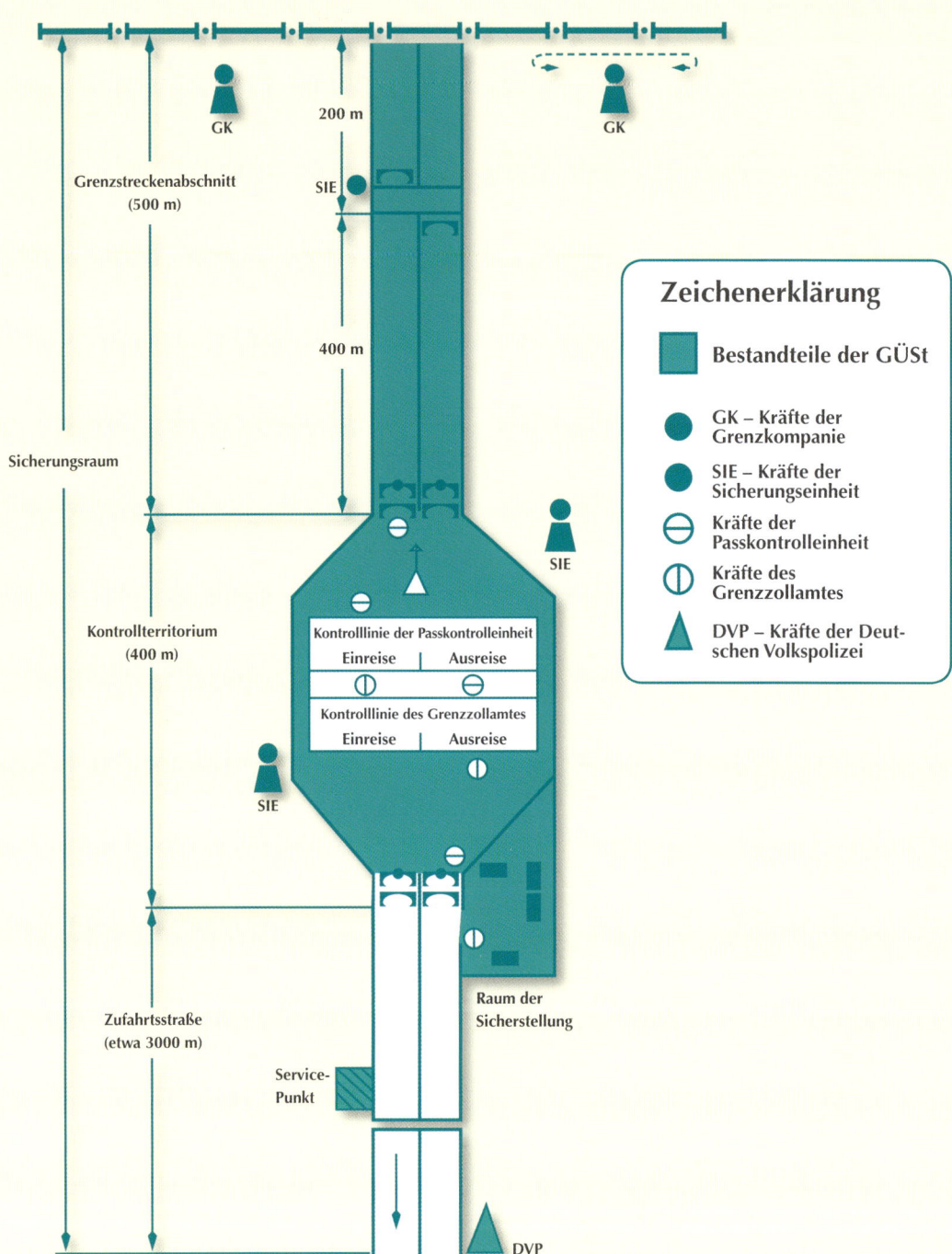

Zeichenerklärung

- ▇ **Bestandteile der GÜSt**
- ● **GK – Kräfte der Grenzkompanie**
- ● **SIE – Kräfte der Sicherungseinheit**
- ⊖ **Kräfte der Passkontrolleinheit**
- ⊘ **Kräfte des Grenzzollamtes**
- ▲ **DVP – Kräfte der Deutschen Volkspolizei**

GK

200 m

GK

Grenzstreckenabschnitt (500 m)

SIE

400 m

Sicherungsraum

SIE

Kontrollterritorium (400 m)

Kontrolllinie der Passkontrolleinheit

Einreise	Ausreise
⊘	⊖

Kontrolllinie des Grenzzollamtes

Einreise	Ausreise

SIE

Raum der Sicherstellung

Zufahrtsstraße (etwa 3000 m)

Service-Punkt

DVP

Zitat

„Der Grenzübergang in die DDR

im Rahmen eines Aufenthalts meiner damaligen Schulklasse in Berlin war in gewissem Sinne einzigartig, vor allem aus heutiger Sicht, da es ja meist nichts Besonderes mehr ist, von einem Land in ein anderes zu wechseln. Damals, im Sommer 1989, überschritten wir die Grenze nach Ostberlin. Schon als wir in die Nähe kamen, die Mauer erblickten und die Warntafeln sahen, stieg die Spannung. Der Übergangsbereich an sich war wenig einladend: viele Uniformen, ausdruckslose Wände, Kameras en masse, schlechtes Licht, strenge Blicke. Willkommen habe ich mich nicht gefühlt. Jeder von uns muss an die mahnenden Worte unserer Lehrer kurz zuvor gedacht haben, weswegen sich wohl auch alle benahmen. Jeder legte brav seinen Pass vor, wenn er an der Reihe war, beantwortete Fragen, so sie gestellt wurden, und hielt sich strikt an die vorgegebene Route. Entscheidend war für mich, dass wir den Übergang sowohl in die DDR als auch zurück nach Westberlin ohne Zwischenfall überstanden."
Sven Vogel

Peter Fechter verblutete am 17. August 1962 im Todesstreifen an der Berliner Zimmerstraße.

Der Schießbefehl

Für die Grenzsoldaten der DDR galt Artikel 27 des Grenzgesetzes von 1982. Danach durfte die Schusswaffe als äußerste Maßnahme der Gewaltanwendung gegen Personen verwendet werden, um einen Grenzdurchbruch zu verhindern. Zuvor gab es kein klares Gesetz, aber Dienstanweisungen, zum Beispiel eine aus dem Jahre 1973. Darin hieß es unmissverständlich: „Zögern Sie nicht mit der Anwendung der Schusswaffe, auch dann nicht, wenn die Grenzdurchbrüche mit Frauen und Kindern erfolgen, was sich die Verräter schon oft zunutze gemacht haben."

Aber letztlich ist es der Artikel 27 des Grenzgesetzes, der als Schießbefehl bezeichnet wird. Untersagt war der Einsatz der Schusswaffe lediglich vor hohen Feiertagen oder Staatsbesuchen.
Der Grund: Eine negative Berichterstattung in der Westpresse sollte vermieden werden.

Todesopfer:
Ein Land erschießt seine Bürger

Da die DDR-Verantwortlichen die Todesfälle an der Grenze systematisch verschleierten, gibt es widersprüchliche Angaben über die Zahl der Mauertoten. Die Berliner Staatsanwaltschaft gab im Jahre 2000 an, 86 Menschen seien nachweislich durch einen Gewaltakt an der Berliner Mauer umgekommen. Insgesamt sollen an der deutsch-deutschen Grenze 872 Personen bei der Flucht getötet worden sein.

Das erste Todesopfer war Ida Siekmann. Am 22. August 1961 sprang sie aus einem Fenster in der Bernauer Straße und verunglückte dabei tödlich. Die ersten tödlichen Schüsse fielen am 24. August 1961 auf den 24-jährigen Günter Litfin. Er hatte versucht, am Berliner Humboldthafen in den Westen zu fliehen.

Peter Fechter verblutete am 17. August 1962 im Todesstreifen an der Berliner Zimmerstraße. Noch auf der Mauer von mehreren Schüssen getroffen, fiel er zurück auf Ostberliner Gebiet und blieb im Todesstreifen bewegungsunfähig liegen. Der 18-Jährige

schrie laut um Hilfe, doch kein DDR-Grenzer reagierte. So verblutete Peter Fechter und starb nach etwa einer Stunde. Zwei Kinder im Alter von zehn und dreizehn Jahren wurden 1966 im Grenzstreifen durch insgesamt vierzig Schüsse getötet.

Das letzte Opfer von Todesschüssen an der Mauer war am 6. Februar 1989 Chris Gueffroy. Der letzte tödliche Zwischenfall an der Grenze ereignete sich am 8. März desselben Jahres, als Winfried Freudenberg bei einem Fluchtversuch mit einem defekten Ballon in den Tod stürzte.

Auch einige Grenzsoldaten starben bei gewalttätigen Vorfällen an der Mauer. Der bekannteste Fall ist der Tod des Soldaten Reinhold Huhn. Er wurde von einem Fluchthelfer erschossen. Derartige Vorfälle nutzte die DDR-Führung aus – sie rechtfertigte mit ihnen den Mauerbau. Wenn ein DDR-Bürger an der Grenze erschossen wurde, belege dies vor allem eins: Die Mauer sei zum Schutze der Bürger notwendig.

Unterm Strich: die Mauer –
brutal, unmenschlich und unerbittlich

Schon bald nach Errichtung der Mauer machte die DDR ernst: Sie schuf mit einem unglaublichen Aufwand eine nahezu undurchlässige Grenze. Immer weiter wurde die Grenze technisch perfektioniert. Selbst

vor Schießbefehl und Selbstschussanlagen schreckten die Machthaber nicht zurück. Sie wollten die Bürger unbedingt daran hindern, dorthin zu gehen, wo sie hinwollten. Die Mauer war fast unüberwindlich.

Peter Fechter wird außer
Sichtweite gebracht.

8. Kapitel

Stasi-Chef Erich Mielke (rechts) –
der zweitmächtigste Mann im Staat

Die DDR – Zwischen Mauer, Trabi und Club-Cola

Top secret

Das auch Staatssicherheit oder umgangssprachlich Stasi genannte Ministerium für Staatssicherheit (MfS) war in erster Linie der Inlands- und Auslandsgeheimdienst der DDR. Daneben hatte es noch andere Aufgaben wie die Aufklärung und Verfolgung von Nazi- und Kriegsverbrechen. Die Stasi war ein innenpolitisches Instrument der SED, mit dem die Staatspartei ihre Macht erhielt. Zu diesem Zweck überwachte der Geheimdienst vor allem Regimekritiker und schüchterte sie mit Terror und Schikane ein.

„Schild und Schwert der Partei"

Mit diesem Slogan bezeichnete die SED das MfS. Er beschrieb ziemlich exakt, dass die Stasi zuallererst nicht dem Staat und seinen Bürgern diente, sondern der Partei. So wurde der Geheimdienst faktisch nur von der Spitze der SED geleitet und kontrolliert.

Dazu besprach der Minister für Staatssicherheit, der militärische Leiter an der Spitze der Stasi, wichtige Angelegenheiten oft direkt mit dem SED-Generalsekretär.

Geheimdienste unter Kontrolle

In der Bundesrepublik müssen sich dagegen alle an die Gesetze halten, auch die Mitarbeiter der Geheimdienste. Wenn sie in einem Strafverfahren Beweise gegen eine Person vorbringen, werden diese Beweise durch ein unabhängiges Gericht geprüft.

Im Rahmen der Gewaltenteilung müssen die Geheimdienst-Mitarbeiter dem Parlamentarischen Kontrollgremium Rede und Antwort stehen. Das Gremium ist ein Organ des Bundestages, in dem auch die Opposition vertreten ist.

Zitat

„Anfang 1980 war die UdSSR in Afghanistan einmarschiert, um im Bürgerkrieg einzugreifen. Die DDR-Führung wollte einen Schulterschluss mit der Sowjetunion demonstrieren und forderte die Lehrer auf, eine Erklärung zu unterschreiben. Damit sollte man den Einmarsch gutheißen. Das ging, glaube ich, an allen Schulen herum. Meine Mutter war Lehrerin und weigerte sich: ‚Ich bin politisch uninteressiert und das kann ich nicht unterschreiben, da mit dieser Unterschrift ja gewissermaßen Menschenleben bedroht würden. Das möchte ich nicht.' Tags darauf wurde sie zum Rektor zitiert. Da saßen dann auch noch zwei ihr unbekannte Männer. Die Stasi-Männer legten ihr noch Zitate aus ihrer Studienzeit vor. Dinge, die sie mal in einer Kneipe unter Freunden gesagt hatte. Die haben ihr vorgeworfen, eine Verfassungsfeindin zu sein. Ob sie es sich vor diesem Hintergrund noch einmal überlegen wolle. Als sie verneinte, verkündete ihr der Rektor, sie sei fristlos gekündigt. Das bedeutete für sie den Verlust der Existenz. Mein Vater wurde ohne weitere Begründung vom LPG-Leiter zur Schreibkraft degradiert. Meine Mutter jobbte dann immer wieder mal in Geschäften ehemaliger Schüler. Aber so richtig reichte es bei uns mit dem Geld nicht mehr. Auch wenn meine Eltern nie mit mir darüber sprachen – ich war gerade mal neun oder zehn Jahre alt –, ab und an verschwanden Gegenstände wie unsere Stereoanlage oder das Tonbandgerät."

Peter Schulze

Unglaubliche Machtfülle

Im Ministerium für Staatssicherheit waren Auslands- und Inlandsnachrichtendienst zusammengefasst. Die einzelnen Diensteinheiten waren verpflichtet, eng zusammenzuarbeiten, um vor allem die eigenen Landsleute auszuspionieren und gegebenenfalls zu verfolgen. So konnte die Stasi auch Parteimitglieder überwachen und verfolgen sowie Personen verhaften und in eigenen Untersuchungshaftanstalten festhalten. Über die Arbeit und die Befugnisse der Staatssicherheit konnte man sich in der DDR nicht öffentlich äußern oder gar beklagen, da es weder eine rechtmäßige politische Opposition noch unabhängige Medien gab.

Zitat

„Vor unserem Haus stand immer ein Stasi-Auto. Wir kannten die Leute da drinnen ja schon. Sie sahen aber immer irgendwie ähnlich aus, mit ihren Gummijacken, komische Jacken. Etwa vier Wochen vor unserer Ausreise haben die mich sogar ‚begleitet‘: Die fuhren doch tatsächlich hinter mir im Schritttempo her, als ich mit meinem Schulranzen zur Schule spazierte.“

Peter Schulze

Die Stasi unterhielt sogar eigene Haftanstalten; hier das berüchtigte Bautzener Gefängnis.

Das Personal der Stasi

Hauptamtliche Mitarbeiter

Während ihres Bestehens haben insgesamt rund 250 000 Personen hauptamtlich für die Stasi gearbeitet. Am 31. Oktober 1989 waren es 91 015.

IMS und GMS: die Inoffiziellen und Gesellschaftlichen Mitarbeiter

Ein Inoffizieller Mitarbeiter (IM) war jemand, der Informationen an die Stasi lieferte, ohne offiziell für sie zu arbeiten. Dieselbe Aufgabe hatten auch die Gesellschaftlichen Mitarbeiter (für) Sicherheit (GMS). Sie arbeiteten allerdings nicht im Geheimen wie die IM, sondern offen.

Laut Hochrechnungen waren von 1949 bis 1989 mindestens 600 000 Inoffizielle Mitarbeiter für die Stasi tätig. In Stasi-Statistiken registriert hatte man im Dezember 1988 174 000 IM und GMS.

Führungsoffiziere

Aufgabe eines Führungsoffiziers der Stasi war es, Inoffizielle Mitarbeiter anzuwerben, anzuleiten, zu betreuen und ihnen Informationen zu entlocken. Im MfS gab es schätzungsweise 11 000 Führungsoffiziere

Erich Honecker beglückwünscht Erich Mielke zum 30. Jahrestag der Stasi.

„Meine Eltern haben ihre Probleme mit der Stasi von mir ferngehalten. Eine Grundregel für mich lautete: ‚Wenn dich jemand in der Schule oder so anspricht wegen irgendwelcher politischen Sachen, dann sage nichts, dann kommst du sofort nach Hause.' Einmal trug ich einen Pullover mit einem Bild vom US-Space-shuttle drauf, den hatte ich gerade von einem Cousin aus dem Westen bekommen. Meine Russischlehrerin sah es und schickte mich sofort ins Lehrerzimmer. Ich weigerte mich, den Pulli verkehrt herum anzuziehen. Das habe ich einfach nicht gemacht. Ich rannte nach Hause und habe einen anderen angezogen. Damit war's dann gut."

Peter Schulze

Auslandsspione

Zuständig für die Auslandsspionage war die Hauptverwaltung Aufklärung (HV A) der Stasi. Legendärer Chef der DDR-Auslands-spionage war Markus („Mischa") Wolf: 34 Jahre lang leitete er die Hauptverwaltung Aufklärung (HV A). Die Auslandsspione versorgten die DDR zum Beispiel mit Insider-Informationen über Politik, Kultur, Wirtschaft und Gesellschaft der Bundesrepublik. Als größter Coup in der DDR-Spionage gilt das Einschleusen eines engen Mitarbeiters bei einem westdeutschen Bundeskanzler: die Guillaume-Affäre. Hierfür war Markus Wolf verantwortlich.

Schätzungen haben ergeben, dass rund 6000 Bundesbürger als Inoffizielle Mitarbeiter der HV A geführt wurden. Rund 1500 von ihnen waren 1989 noch im Westen aktiv.

Die „Agentenbrücke"

Berühmtheit erlangte die Glienicker Brü-cke, die über die Havel hinweg Berlin und Potsdam verbindet. Über sie wurden spektakuläre Agentenaustausche abgewi-ckelt. Ausgetauscht wurden zum Beispiel 1962 Oberst Rudolf Iwanowitsch Abel, ein Spitzenspion der Sowjets in den USA, und Francis Gary Powers, ein amerikanischer Pilot, der bei einem Aufklärungsflug mit dem Spionageflugzeug U2 über der Sowjetunion abgeschossen worden war. Es folgten bis 1985 noch zwei weitere Austauschaktionen mit insgesamt 36 Personen.

Aufsehenerregender Spionagefall – die Guillaume-Affäre

Günter Guillaume war Mitarbeiter der Stasi und spionierte als DDR-Agent im Bundeskanzleramt. Dort arbeitete er von 1972 bis 1974 als persönlicher Refe-rent von Willy Brandt, dem damaligen Bundeskanzler. Die Enttarnung Guillaumes führte zum Rücktritt Brandts als Bundeskanzler.

Bundeskanzler Willy Brandt (links) mit seinem Referenten, Günter Guillaume

Rekrutierung von Stasi-Mitarbeitern

Wer für die Stasi arbeitete, musste politisch absolut zuverlässig sein. Die Stasi konnte sich keine Mitarbeiter leisten, die dem DDR-Staat und der SED-Ideologie auch nur ein wenig kritisch gegenüberstanden. Deshalb musste, wer eingestellt werden wollte, nicht nur körperlich, intellektuell, geistig und fachlich fit sein, sondern auch eine gefestigte sogenannte sozialistische Persönlichkeit haben, er musste also fest an die DDR-Weltanschauung glauben und deren Ideale verfolgen.

Vor dem Werbegespräch, dem ersten offiziellen Kontakt, wurde das Leben des potenziellen Mitarbeiters komplett durchleuchtet: Dazu wurden alle Schulakten penibel durchstöbert, es wurden Lehrer und andere an der Erziehung beteiligte Personen befragt und die gesellschaftlichen Aktivitäten, etwa in der FDJ, wurden unter die Lupe genommen. Man nahm sogar Menschen, mit denen die „Zielperson" Kontakt hatte, ins Visier und ließ zum Beispiel Nachbarn durch einen Abschnittsbevollmächtigten der Volkspolizei befragen.

Vor dem Werbegespräch musste jede Zielperson eine Erklärung unterschreiben, in der sie sich zur Verschwiegenheit verpflichtete. Hielt sie sich nicht daran, wurde sie wegen Landesverrats angeklagt.

Die Entscheidung, das Angebot zur Mitarbeit bei der Stasi anzunehmen, war offiziell freiwillig. Es kam aber vor, dass bei Ablehnung berufliche und gesellschaftliche Nachteile angedroht wurden, etwa eine Nichtzulassung zum Studium. Oft halfen Köder wie ein Auto oder eine neue Wohnung – Dinge also, die man sonst nur unter Schwierigkeiten bekam –, die Zielpersonen zur Stasi-Mitarbeit zu überreden.

Stasi und Rote Armee Fraktion (RAF)

Mitarbeiter der Stasi bildeten in den 80er-Jahren RAF-Mitglieder aus, um sie bei der Vorbereitung und Ausführung von gewaltsamen Anschlägen in der Bundesrepublik zu unterstützen. Sie zeigten ihnen, wie sie mit Waffen und Sprengmitteln umzugehen hatten. Einige Mitglieder der Rote Armee Fraktion tauchten später in der DDR unter, um vor der Verfolgung der bundesdeutschen Behörden sicher zu sein. Sie bekamen in der DDR eine neue Identität mit neuem Namen. Im Gegenzug erhoffte sich die Stasi, von den Untergetauchten mehr über die Struktur der RAF zu erfahren. Sie wollte auf diese Weise mehr Einfluss auf die RAF gewinnen, um sie gegebenenfalls besser für ihre eigenen Ziele ausnutzen zu können.

Information

Rote Armee Fraktion (RAF)

Die linksextremistische terroristische Vereinigung wurde 1970 von Andreas Baader, Gudrun Ensslin, Horst Mahler, Ulrike Meinhof und anderen gegründet. Die Gruppe sah sich im „Krieg" gegen das verhasste westliche System und wollte mit Terroranschlägen und Entführungen das bundesdeutsche System erschüttern. Die RAF ist verantwortlich für 34 Morde, viele Banküberfälle und Sprengstoffattentate. 1998 erklärte sie ihre Selbstauflösung.

Lustiges

Sagt die Stecknadel zur Nähnadel: „Du, soll ich dir mal einen politischen Witz erzählen?" Darauf die Nähnadel: „Psst, dahinten steht eine Sicherheitsnadel!"

Unterm Strich:
Ohne Stasi ging in der DDR gar nichts

Da die DDR ihren Bürgern nicht traute und beispielsweise zweifelte, ob sie von einer Auslandsreise zurückkehrten, ließ sie eine Mauer um das ganze Land bauen und spionierte die Bürger systematisch aus. Dafür gab es 1989 für jeweils 180 DDR-Bürger einen hauptamtlichen Stasi-Mitarbeiter. Dazu kamen viele inoffizielle Spitzel, die IM. Ohne den Druck, den die Stasi direkt oder indirekt ausübte – man wusste ja nie, ob jemand von der Stasi mithörte und einen verraten könnte –, hätte das System sicher nicht so lange überlebt. Schnell und wirksam unterdrückte der Geheimdienst der DDR bis zum Fall der Mauer die Opposition.

9. Kapitel

Der Fahnenappell war für die meisten Kinder und Jugendlichen ein Muss.

Die DDR – Zwischen Mauer, Trabi und Club-Cola

Kindheit und Jugend in der DDR

Jugendliche in der DDR hatten im Vergleich zu Jugendlichen in der Bundesrepublik relativ junge Eltern. 18-jährige Mütter waren keine Ausnahme. Ein verheiratetes Paar mit Kindern bekam schneller eine Wohnung als andere. Eine Familie zu gründen war daher ein einfacher Weg, von zu Hause auszuziehen. Die Kinder wurden meist in der Krippe untergebracht – und danach von Schule und Jugendorganisationen in Beschlag genommen.

Von Beginn an vom Staat betreut: Krippe, Kindergarten und Hort

Die kleinen Kinder bis etwa drei Jahren kamen ganztags in die Krippe. Der Kindergarten betreute sie dann vom vierten Lebensjahr an. Hier wurde ihnen einfache Mengenlehre (Rechnen mit Rechenstäbchen im Zahlenraum bis zehn), Malen, Singen und bildnerisches Gestalten (beispielsweise Kneten) beigebracht.

Im Westen oft gerade einmal Kindergarten

In der Bundesrepublik war es üblich, die Kinder erst mit drei Jahren in den Kindergarten zu schicken, wenn überhaupt. Bis dahin wurden sie für gewöhnlich von ihren Müttern zu Hause erzogen. Bis in die 80er-Jahre waren viele Mütter nicht berufstätig.

Bundes-
republik

Da die Kinder in Krippe und Kindergarten den ganzen Tag betreut waren, konnten die Frauen arbeiten gehen (siehe Kapitel 11). Von der ersten bis zur vierten Klasse gab es die Möglichkeit, die Kinder ab sechs Uhr früh in den Hort zu bringen, der auch nach der Schule bis 17 Uhr besucht werden konnte.

Der Hort schuf einen Übergang von der Ganztagsbetreuung in den Kindergärten zum Schulalltag: Die Schüler wurden vor und nach Unterrichtsbeginn durch schulpädagogisch ausgebildete Fachkräfte betreut – auch bei den Hausaufgaben.

Die Erzieherin im Kindergarten erklärt den Kindern, dass jeder Beruf der Eltern auf dem Einmarkstück zu finden ist. Erstes Kind: „Mein Vater ist Bauarbeiter!" – „Schau, hier ist der Hammer." Zweites Kind: „Mein Vater ist bei der LPG!" – „Schau, hier ist der Ährenkranz." Drittes Kind: „Mein Vater ist Ingenieur!" – „Schau, hier der Zirkel." Klein-Fritzchen fängt an zu weinen. „Was ist denn dein Vater von Beruf?" – „Parteisekretär." – „Schau, hier in der Mitte: Da ist die Niete, die alles zusammenhält."

Die Schulzeit: immer auf SED-Linie

Die Polytechnische Oberschule (POS)

Mit ihren zehn Klassen war sie der grundlegende Schultyp. Meist wurden Kinder mit sechs oder sieben Jahren eingeschult. Russisch lernten die Schüler zuerst, als zweite Fremdsprache folgte meist Englisch. Die POS wurde mit schriftlichen Prüfungen in Russisch, Deutsch, Mathematik und in einer Naturwissenschaft (Physik, Chemie oder Biologie), einer Sportprüfung sowie anschließenden mündlichen Prüfungen beendet. Der Abschluss entsprach in etwa der mittleren Reife. Die Absolventen durften eine Berufsausbildung oder ein Studium an einer der zahlreichen Fachschulen aufnehmen. Wer auf eine weiterführende Bildungseinrichtung wie eine Universität wollte, musste ein guter Schüler und „gesellschaftlich aktiv" sein. „Gesellschaftlich aktiv" war, wer sich zu einem längeren Dienst in der Nationalen Volksarmee (NVA) verpflichtete oder Mitglied der SED war, sich also für den Staat einsetzte. Nur etwa zehn Prozent eines Jahrgangs wurden zum Abitur zugelassen. Ein Schüler aus dem Arbeiter- oder Bauernmilieu wurde dabei gegenüber einem Kind, dessen Eltern studiert hatten, eher bevorzugt, da sich die DDR als Arbeiter- und Bauern-Staat verstand und folglich Angehörige dieser Schicht bevorzugte.

Zitat

1-40

„Im Kunstunterricht haben wir in der fünften Klasse einen Grenzsoldaten gemalt, das Projekt hieß ‚Friedenssoldat auf Wacht'. Ich fand das ganz normal und interessant, genauso wie den Ausflug zu den Grenzanlagen. Aus meiner damaligen Sicht hatten die Grenzer eine sinnvolle Arbeit. Sie mussten uns ja beschützen vor den Kapitalisten. Und dass sie notfalls scharf schießen, fand ich richtig. Ich hatte damals großes Vertrauen und das Gefühl, dass sie eine große Gefahr von uns abwenden. Etwas anderes hatte ich ja auch nie gehört. Bis dahin."

Mandy Schlüter

Erweiterte Oberschule und Berufsausbildung mit Abitur

Das Abitur wurde an der Erweiterten Oberschule (EOS) abgelegt. Die Oberschule bestand bis 1983 aus den Klassen neun bis zwölf, danach nur mehr aus den Klassen elf und zwölf. Alternativ gab es die Möglichkeit, nach der zehnten Klasse im Rahmen einer dreijährigen Berufsausbildung das Abitur abzulegen. Auf die Hochschulreife vorbereitet wurden die Auszubildenden an einer Berufsschule. Mit dem Abitur konnte man ein Studium beginnen. Voraussetzung für Männer war allerdings die Zustimmung des Wehrkreiskommandos, des Wehrkreisersatzamtes, das alle Wehrpflichtigen verwaltete. Meist war der Wehrdienst vor dem Studium abzuleisten.

Klein-Fritzchen kommt von der Schule nach Hause. „Papi, wir haben unseren Aufsatz über die Errungenschaften der DDR zurückbekommen." – „Ja, und was hast du geschrieben?" – „Ich hab die beste Arbeit, eine Vier!" Fritzchen freut sich. Der Vater erbost: „Was? Eine Vier? Das soll die beste Arbeit sein? Ja, was haben denn die anderen geschrieben?" – „Keine Ahnung, die sind noch nicht aus dem Verhör zurück!"

Spezialschulen für den Elite-Nachwuchs

Zur Förderung von Eliten gab es viele Spezialschulen, etwa die sogenannten Russischschulen mit ihrem Schwerpunkt auf dem Fach Russisch. Auf sie ging man ab der dritten Klasse. Besonders wichtig waren auch die Kinder- und Jugend-Sportschulen (KJS). Sie förderten intensiv den Nachwuchs der Leistungssportler (siehe Kapitel 10). Außerdem gab es neben anderen Spezialschulen für Musik, Mathematik oder Naturwissenschaften.

Zitat

„In der Schule gab es Gespräche. Wir wurden gefragt, ob wir in der Armee Offizierskarriere machen möchten. Mir wurde nahegelegt, den Kontakt zu meinen Verwandten im Westen einzustellen. Aber das war für mich undenkbar. Im Gegenteil, ich habe die Westverwandten als Grund dafür angeführt, nicht mehr als nötig in der Armee machen zu können, da ich ja sonst im Kriegsfall gegen meine Verwandten hätte kämpfen müssen. Danach haben sie mich in Ruhe gelassen."

Wolfgang Marin

Struktur des Schulsystems in der DDR
(vereinfachte Darstellung)

BmA: Berufsausbildung mit Abitur
EOS: Erweiterte Oberstufe (Abitur)

Das gab es nur in der DDR: einige typische Fächer

Das Bildungssystem der DDR hatte neben der Wissensvermittlung die Aufgabe, politisch zu erziehen. Die Kinder und Jugendlichen sollten vollwertige Mitglieder der „sozialistischen Gesellschaft" und des SED-Staates werden.

Wehrerziehung

Damit sich die Jugend mit ihrem Staat und dessen Armee identifizierte, gab es die Wehrerziehung. Sie sollte Kinder und Jugendliche darauf vorbereiten, später in der Armee zu dienen und sich am besten für längere Zeit zu verpflichten. So besuchte man schon im Kindergarten die NVA-Truppen in ihren Kasernen. In unteren Klassen, in Pionier-(siehe Seite 80 bis 81) und Ferienlagern standen Geländespiele auf dem Programm. Selbst der Sportunterricht orientierte sich an militärischen Erfordernissen. So übten Oberstufenschüler den Weitwurf mit Attrappen von Handgranaten.

Im Schuljahr 1978/79 wurde der Wehrunterricht in der neunten und zehnten Klasse zum Pflichtfach. Teil des Faches war ein zweiwöchiges Lager am Ende des neunten Schuljahres: Für die Jungen bedeutete dies meist ein Wehrlager, für die Mädchen eine Ausbildung in Zivilverteidigung (ZV) an der Schule. Die Jungen wurden von Soldaten in Militärtheorie und Politik unterrichtet. Von ihnen lernten sie außerdem zu marschieren, zu schießen und Gasmasken zu tragen. Die Mädchen lernten, welche Maßnahmen im Fall einer Katastrophe ergriffen und wie Verwundete versorgt werden sollten.

Staatsbürgerkunde

Die DDR wollte all ihre Bürger im Sinne des Sozialismus beeinflussen. In den Schulen gab es dafür zum Beispiel das Fach Staatsbürgerkunde. Es wurde an den Polytechnischen Oberschulen von der siebten bis zur zehnten, an den Erweiterten Oberschulen bis zur zwölften Klasse unterrichtet. Zu seinen Inhalten gehörten zum Beispiel die Einführung in den Marxismus, also die Lehre vom kommunistischen Gesellschaftssystem, und wie darauf aufbauend die DDR als Staat organisiert war. Außerdem wurde die Politische Ökonomie des Kapitalismus und des Sozialismus gelehrt. Hier erklärte man den Jugendlichen, wie die Planwirtschaft in der DDR funktionierte.

Kernaussagen waren dabei immer: Das sozialistische System sei dem kapitalistischen überlegen und also sei der Sieg des Sozialismus und des Kommunismus über den Kapitalismus gewiss. Die Freundschaft der DDR zur Sowjetunion sei „unverbrüchlich", während die USA und die BRD Klassenfeinde seien.
Entsprechend der DDR-Losung „Vom Ich zum Wir" stand im Fach Staatsbürgerkunde das „Kollektiv", die Gemeinschaft, im Mittelpunkt. Unterrichtet wurden der Staatsaufbau, die seit 1968 in der Verfassung festgeschriebene „führende Rolle der SED" und die Rechte und Pflichten des DDR-Bürgers wie etwa der Dienst in der Armee.

Produktive Arbeit und Einführung in die sozialistische Produktion

DDR-Schüler erhielten in der Schule auch ganz praktischen Unterricht, der sich daran orientierte, welche Fähigkeiten in der Wirtschaft benötigt wurden. So gab es die Fächer Produktive Arbeit (PA), Einführung in die sozialistische Produktion (ESP) und Technisches Zeichnen (TZ). Dabei arbeiteten Schüler sogar zeitweise einen Tag pro Woche in Baubetrieben, in der Landwirtschaft oder in der Industrie. In ESP lernten sie, wie sich ihr Schulwissen in der Arbeitswelt anwenden ließ.

Zitat

„Ich war schon sehr früh Gruppenratsvorsitzende bei den Pionieren. Da sprachen wir schon als Siebenjährige über Arbeitspläne, Rechenschaftsberichte und so. Ich war dabei sehr aufgeregt, auch wenn ich gegenüber meinen Lehrern über Klassenkameraden zu urteilen hatte, ob die sich denn immer wie ein guter Pionier verhalten haben. Wir haben auch Wahlen abgehalten, wobei die natürlich eher ‚gespielt' waren. Aber wir wurden ernst genommen, waren wichtig und hatten eine Aufgabe. Das war schon toll. Vom System war das aber auch ganz schön clever: Weil sie uns das Gefühl gaben, wichtig zu sein und ernst genommen zu werden, waren wir natürlich für das System."

Mandy Schlüter

Die Parteiorganisationen für Kinder und Jugendliche

Die Pioniere

Seit den 60er-Jahren gehörten fast alle Kinder vom ersten bis zum siebten Schuljahr zu den Pionieren, bis zur vierten Klasse als Jungpioniere, danach als Thälmannpioniere. Die zugehörige Organisation hieß Pionierorganisation Ernst Thälmann. Sie wurde nach dem ehemaligen Vorsitzenden der Kommunistischen Partei Deutschlands, Ernst Thälmann (1886 bis 1944), benannt, der von den Nazis ermordet worden war.
Alle Pioniere trugen Uniform. Sie bestand aus einer blaue Hose oder einem blauen Rock, einem weißen Pionierhemd mit dem Emblem der jeweiligen Pionierorganisation auf dem Ärmel sowie einem roten (für die Thälmannpioniere) bzw. einem blauen Pioniertuch (für die Jungpioniere). Als Kopfbedeckung bekam man ein dunkelblaues Käppi.
Wenn die Kinder im ersten Schuljahr Jungpioniere wurden, gingen sie einmal pro Woche zum Pioniernachmittag. Hier bastelten sie, hörten Diavorträge oder übten einen Fahnenappell (siehe Seite 82).
An den Pioniernachmittagen und bei einigen sozialistischen Feiertagen waren die Schüler ausdrücklich angehalten, das Halstuch zu tragen. Das „Pionierrepublik Wilhelm

Pioniere bei der Kundgebung

Pieck" genannte Pionierlager war mit etwa 1000 Thälmannpionieren das größte. Der in der Regel sechswöchige Aufenthalt galt als Auszeichnung für besonders strebsame, flei-ßige und linientreue Pioniere. Die Schüler bekamen hier Unterricht, nahmen aber auch an realitätsnahen Kampfmanövern, Nacht-alarmen oder Verdunklungsübungen teil.

„Klar habe ich bei den Pionieren mitgemacht. Von der fünften bis zur siebten Klasse war ich Gruppenratsvorsitzende. Und ich habe bei einer Pionierrepublik mitgemacht. Das bedeutete sechs Wochen sozialistischer Unterricht, also so ähnlich wie Staatsbürgerkunde, und dazu Lieder, Manö-ver, Nachtalarme, Verdunklungsübungen und so. Das hat mir richtig Spaß gemacht. Für mich war das alles normal."

Mareike Schnellenkamp

Die Freie Deutsche Jugend (FDJ)

Nahezu alle Jugendlichen waren Mitglied in der FDJ, dem sozialistischen Jugendverband der DDR. Eine staatlich anerkannte und geförderte Alternative dazu gab es nicht. Die FDJ war für alle Jugendlichen ab dem 14. Lebensjahr da. Sie hatte im Prinzip dieselbe Aufgabe wie die Pionierorganisationen: Sie sollte die Jugendlichen fest an den Staat und seine Ideale binden. Sich selbst sah die FDJ als „Kampfreserve der SED". Erkennen konnte man die FDJler an ihren „Blauhemden", die ein Sonnenemblem auf dem linken Ärmel hatten. Ihr Gruß lautete „Freundschaft".

Zitat

„Ich war bei den Pionieren und auch in der FDJ. Ich war ein typischer Mitschwimmer, habe mitgemacht, weil alle mitgemacht haben, fast alle. Und da alle daran teilgenommen haben, hat es Zusammenhalt gegeben. Die FDJ als Organisation habe ich nicht als besonders positiv erlebt, weil das einfach Mumpitz war. Deshalb hatte ich in der FDJ auch erst keine Funktion, dann war ich stellvertretender FDJ-Sekretär. Ich hatte herausgefunden, dass man als stellvertretender FDJ-Sekretär rein gar nichts machen musste – wenn die FDJ-Sekretärin eine übereifrige Mitschülerin war. In der Lehre war ich wieder stellvertretender FDJ-Sekretär und hatte erst einmal wieder nichts zu tun. Dann hatte ich allerdings Pech, denn die FDJ-Sekretärin kündigte. Jetzt hing alles an mir. Ich musste sogar für 14 Tage in die FDJ-Jugendschule. Das war nur mit viel Humor zu ertragen, schon allein wegen der hauptamtlichen Funktionäre dort. Die wollten zum Beispiel wirklich, dass ich mit den Jugendlichen in unserem Betrieb jede Woche Versammlungen abhalte und Kampflieder singe. Ich weiß nicht, was die Leute in meinem Betrieb mit mir gemacht hätten, wenn ich das gefordert hätte. Zumindest ausgelacht, ganz doll. Die meisten haben die FDJ-Jugendschule über sich ergehen lassen. Und sie haben das Gute daran mitgenommen: ausgiebig feiern."

Wolfgang Marin

Fokus: Fahnenappell

Besondere Anlässe wie der Weltfriedenstag wurden an den allgemeinbildenden Schulen in der DDR vom Fahnenappell begleitet. Dabei versammelten sich Lehrer und Schüler auf dem Schulhof. Sie stellten sich in Reihen auf und Schüler trugen Texte, Lieder und Gedichte zu einem Thema wie dem Frieden vor, während die Fahne gehisst wurde. Manchmal hielten Gäste Vorträge oder Schüler wurden für hervorragende Leistungen ausgezeichnet. Die Pioniere und FDJler trugen ihre Uniformen.

Schon Kinder und Jugendliche wurden für die Propaganda eingespannt, etwa bei Kundgebungen.

Fokus: Jugendweihe

Da der DDR-Staat die Religion so weit wie möglich einzudämmen versuchte (siehe Kapitel 14), erfand man eine Alternative zu Konfirmation und Firmung: die Jugendweihe. Sie sollte wie ihre kirchlichen Gegenstücke den Übergang von der Jugend ins Erwachsenenalter markieren.

Voraussetzung war, dass die Jugendlichen monatliche sogenannte Jugendstunden besuchten: Sie besichtigten Betriebe, hörten Vorträge über Sexualität und Politik oder absolvierten Tanzstunden. Zum Festakt der Jugendweihe waren alle Angehörigen eingeladen. Er fand zum Beispiel in einem Saal statt, es wurden einige Reden gehalten und die Jugendlichen legten ein Gelöbnis ab, in dem sie sich zum sozialistischen Staat bekannten.

Zur Jugendweihe gab es feierliche Ansprachen und die Jugendweiheurkunde.

Zu den Standardgeschenken der Jugendweihe zählten Bücher wie der Band „Weltall, Erde, Mensch".

„Ich durfte nie Pionier werden, das wollte ich auch nicht. Ich merkte aber schon, dass ich ausgegrenzt wurde, da ich zu einigen Freunden nicht gehen durfte. Das war nicht lustig. Ich fand mich schließlich damit ab und hatte danach das Gefühl, etwas Besonderes zu sein."

Maren Schüler

Unterm Strich:
Vom Kindergarten an beeinflusst

Schon als Babys wurden Kinder in die Obhut des Staates gegeben. Und schon im Kindergarten wurde damit begonnen, die Kinder nach den Idealen des DDR-Staates zu erziehen. Sie wurden also systematisch von Staat, Partei und sogar von der Armee beeinflusst. Der DDR-Staat nutzte all seine Möglichkeiten, Kinder und Jugendliche für die eigenen Ziele einzuspannen.

10. Kapitel

Für viele ein Fluchtpunkt – die Datsche

Die DDR – Zwischen Mauer, Trabi und Club-Cola

Urlaub, Sport und Mobilität in der DDR

Die Mauer hinderte die meisten DDR-Bürger daran, das westliche Ausland zu besuchen. Deshalb fuhren viele in den Ferien entweder an die Ostseeküste der DDR oder ins sozialistische Ausland, denn dessen Grenzen waren genauso abgeriegelt wie die der DDR. Einzig „Reisekader" wie Topsportler durften ins westliche Ausland.

Für viele DDR-Bürger war ein viel näher gelegenes Reiseziel jederzeit erreichbar: die Datsche. Zu diesem Wochenendhaus fuhr man mit dem Auto oder Moped, wann immer möglich.

Geteilte Welt: Urlaub und Freizeit in der DDR

DDR-Bürger durften nur sehr begrenzt ins Ausland reisen. Ganz ohne Pass und Visum ging dies seit 1971 in die Tschechoslowakei und bis 1980 nach Polen. Selbst mit Visum durfte man privat normalerweise nur in einige wenige sozialistische Staaten reisen wie nach Bulgarien, Nordkorea, Rumänien, in die Sowjetunion oder nach Ungarn. Diese kommunistischen „Volksrepubliken" wurden genauso totalitär regiert und entsprechend zum Ausland hin abgeriegelt.

Ausreisen in den Westen unterlagen sehr strikten Einschränkungen. Seit den 70er-Jahren wurden allerdings dringende Privatreisen in den Westen für Einzelpersonen meist genehmigt, nicht jedoch für ganze Familien. Und immer gab es zuvor eine politische Sicherheitsüberprüfung.

Die wichtigsten Reiseländer für DDR-Bürger

Zitat

„Bis zu unserer Ausreise lebten wir drei Jahre in Angst. Ständig wurden wir von der Stasi beäugt. Und abgehört. Gespräche wurden abrupt beendet, wenn es darin irgendwie um Ausreise oder Kritik ging. Dann machte es einfach ‚krick‘ und die Leitung war tot. Manchmal haben die sich sogar in Telefongespräche eingeklinkt: ‚Dieses Thema lassen wir mal lieber, Herr Schulze, sonst beenden wir das Gespräch.‘"

Peter Schulze

Ausreichende Gründe in den Augen von SED-Regime und Stasi waren Familienangelegenheiten wie große runde Geburtstage, etwa der 80. Geburtstag der Großmutter, Gold- und Silberhochzeiten oder Todesfäl-le. Eine Ausreisegenehmigung konnte dabei jederzeit ohne Angabe von Gründen verweigert werden. Nur für Rentner war das Reisen in den Westen recht einfach.

„Mit den Reisebeschränkungen bin ich ja aufgewachsen. Ich hatte immer das Gefühl, das ist endgültig. Ich werde nie woanders hinkommen. Ich wollte zum Beispiel immer mal nach Holland. Und war total traurig wegen dieser großen Einschränkung. Ich kannte auch alle West-Nummernschilder auswendig. Das war so eine Art des DDR-Fernwehs."

Elisabeth Lange

Reiseziele in der DDR

In der DDR reisten die Menschen am liebsten an die Ostseeküste. Die Reisen wurden hauptsächlich über die Betriebe und staatliche Institutionen abgewickelt. So war der größte „Reiseveranstalter" der Feriendienst des Freien Deutschen Gewerkschaftsbundes (FDGB), dem auch eigene Ferienheime gehörten. Insgesamt bot er bis zu zwei Millionen Reisen pro Jahr an. Wichtig waren auch die staatlichen Campingplätze. Daneben gab es das staatliche „Reisebüro der DDR" und ab 1975 „Jugendtourist", das Jugendreisebüro der FDJ.

Den für eine Ferienreise nötigen „Ferienscheck" durch Betriebe und den FDGB bekam nicht jeder. Für die Zuteilung der durchweg zu knappen Urlaubsplätze waren das politische und das gesellschaftliche Engagement, sprich Linientreue und Mitarbeit in Organisationen wie der SED, das Arbeitsverhalten sowie die Zahl der Kinder entscheidend. Gute Chancen auf eine Urlaubsreise hatte also, wer Parteimitglied war, sein Plansoll im Beruf übererfüllte und viele Kinder hatte.

Reiseziele der Westdeutschen

Die Westdeutschen begannen in den 50er-Jahren wieder ins Ausland zu reisen, zuerst nach Italien, dann zum Beispiel nach Spanien und Frankreich. Später wurden Fernreisen nach Fernost und exotische Ziele wie die Malediven beliebt.

Bundes-republik

Zwei Polizisten bleiben mit dem Wagen liegen. Familie Schmidt fährt im Trabi vorbei. Die Polizei bittet den Vater Schmidt, sie abzuschleppen. Er tut das auch und hält sich an alle Verkehrsregeln. Die Polizisten sind beeindruckt: „Bürger Schmidt, vorbildliche Fahrweise! Dafür haben Sie eine Prämie von 20 Mark verdient. Was machen Sie damit?" Schmidt: „Ja, ich habe es bisher nie auf die Warteliste für den Führerschein geschafft. Ich glaube, ich investiere es in meinen Lappen!" Frau Schmidt auf dem Beifahrersitz wird kreidebleich und schreit: „Glauben Sie dem kein Wort, der redet immer solchen Unsinn, wenn er besoffen ist!" Die Tochter auf dem Rücksitz stöhnt: „Ich wusste es doch, mit dem geklauten Trabi kommen wir nicht weit!" Da hebt sich die Kofferraumklappe. Opa Schmidt reckt seinen Kopf heraus und fragt: „Sind wir schon im Westen?"

Mehr Möglichkeiten für Reisekader

Für sogenannte Reisekader war es leichter, in den Westen zu kommen. Zu ihnen zählten Wissenschaftler, Manager, Lkw-Fahrer, Piloten, Seeleute, Lokführer, Journalisten, Bauarbeiter, Sportler und Künstler. Voraussetzung war aber auch hier, dass die Sicherheitsüberprüfung durch die Stasi ihre politische Zuverlässigkeit bestätigte.

„Ich wollte in der neunten Klasse Vollmatrose werden. Als nicht für den ‚grenzüberschreitenden Verkehr tauglich' eingeschätzt, habe ich eine Absage bekommen. Und mit 16 habe ich mich in ein Mädchen aus dem Schwarzwald verliebt, das zu Besuch war bei uns in der DDR. Natürlich konnte ich sie nicht im Westen besuchen. Da wurde mir endgültig klar, dass man in der DDR eben nicht so leben kann, wie man will, und nie alle Möglichkeiten haben würde. Da habe ich mich mit dem Staat arrangiert – mehr nicht. Ich hatte immer drei Grundsätze: nicht länger zur Armee als nötig, nicht in die Partei und keine Arbeit für die Stasi. Das hat Gott sei Dank geklappt."

Wolfgang Marin

Fokus: Datsche und Schrebergarten

Für alle, die nicht weiter weg in die Ferien fahren konnten, war die Datsche ein beliebter Fluchtpunkt. Eine Datsche ist ein Wochenend- oder Sommerhaus. Das Wort stammt aus dem Russischen und ist eines der wenigen russischen Wörter, die eingedeutscht in die DDR-Umgangssprache übernommen wurden.

Die Datsche auf dem Land – und ihr Gegenstück in den Städten: der Schrebergarten – hatten wenig mit spießigem Kleinbürgertum zu tun, das man heute dem Schrebergarten zuschreibt. Beide boten eine „kleine Flucht" vor der Überwachung durch die Partei in deren Freizeitangeboten, vor den unwirtlichen Plattenbaustädten und vor der mangelhaften Versorgung. In den Gärten konnte man eigenes Gemüse und Obst anbauen und ernten.

Die DDR hatte mit insgesamt rund 2,6 Millionen Wochenendgrundstücken und über 850 000 Schrebergärten die weltweit höchste Dichte an Gartengrundstücken.

Der Begriff „Datsche" ist heute noch im Osten Deutschlands gebräuchlich.

„Diplomaten im Trainingsanzug": die Topsportler der DDR

Der Staat förderte den Sport intensiv – vor allem die olympischen Sportarten. Durch Spitzenergebnisse im Leistungssport wollte die DDR an internationalem Ansehen gewinnen. Deshalb nannte man weltweit erfolgreiche Topathleten auch „Diplomaten im Trainingsanzug". Schon im Schulsport stand die Talentsichtung im Vordergrund. Die Lehrer waren angehalten, darauf zu achten, in welchen Disziplinen die Schüler talentiert waren. Wer talentiert war, wurde weiter gefördert, auch in Kinder- und Jugendsportschulen (siehe Kapitel 9).

Gemeinsame Olympia-Mannschaft

Von 1956 bis 1964 kämpften Sportler aus der DDR und der Bundesrepublik bei den Olympischen Spielen gemeinsam um Medaillen. Von 1968 an gab es dann eine eigene Mannschaft der DDR.

In den vielen Sportgruppen und Sportvereinen war die Mitgliedschaft kostenlos oder extrem günstig. Dazu zählten etwa die Betriebssportgruppen (BSG), schulische Sportgruppen und viele Kinder- und Jugendsportschulen (siehe Kapitel 9) sowie die Deutsche Hochschule für Körperkultur (DHfK), die Sporthochschule in Leipzig. DDR-Sportler brachen in vielen Sportarten Rekorde, vor allem in olympischen Disziplinen wie Schwimmen, Eis- und Wintersportarten, Radsport, Leichtathletik und Gewichtheben. Diese Sportarten wurden am meisten gefördert, da sich das Regime hier die größte Aufmerksamkeit im Sinne der „Diplomatie im Trainingsanzug" versprach. Und die DDR-Sportler feierten riesige Erfolge. In Zahlen ausgedrückt heißt das: 578 Medaillen, davon 204 Goldmedaillen, 768 Weltmeister- und 747 Europameistertitel.

Basis für den großen Erfolg der DDR-Sportler war die systematische Sportförderung, aber auch das flächendeckende Doping. DDR-Leistungssportler wurden von Trainern und Sportärzten gedopt – teilweise ohne davon zu wissen. Die Folge waren mitunter schwere gesundheitliche Schäden, wie etwa bei der Kugelstoßerin Birgit Böse, die durch Doping unfruchtbar wurde.

Bekannte DDR-Sportler
- Henry Maske (Boxen)
- Katarina Witt (Eiskunstlauf)
- Gunda Niemann-Stirnemann (Eisschnelllauf)
- Thomas Doll (Fußball)
- Ulf Kirsten (Fußball)
- Jürgen Sparwasser (Fußball)
- Ronny Weller (Gewichtheben)
- Grit Breuer (Leichtathletik)
- Heike Drechsler (Leichtathletik)
- Gustav-Adolf „Täve" Schur (Radfahren)
- Jens Heppner (Radfahren)
- Kristin Otto (Schwimmen)
- Jens Weißflog (Skiflug)

Zitat

„Mein Vater ließ meinen Bruder Sport machen. Der war sehr talentiert und erfolgreich. Dann kam aber die große Frage: Leistungssportler oder nicht? Wenn er das gemacht hätte, hätte er unterschreiben müssen, dass er jeglichen Westkontakt ablehnt. Da hat unser Vater gesagt: ‚Nein, jetzt ist Schluss.‘ Er hat der Sache einen Riegel vorgeschoben. ‚Um den Preis, den Kontakt zu den Westverwandten abzubrechen, machen wir das nicht.‘ Da hat mein Bruder verstanden, worum es geht. Er war enttäuscht, da er nicht da weitermachen konnte, wo er wollte. Von da an reifte wohl sein Gedanke zu fliehen.“

Mark Wernges

Moped, Motorrad und Auto: mit Simson und Trabi unterwegs

Wie im Westen war auch in der DDR das Auto ein wichtiges Verkehrsmittel und nicht zuletzt Statussymbol. Das galt auch für Mopeds und Motorräder. Besonders auf dem Land und in kleinen Städten war es wichtig, einen fahrbaren Untersatz zu haben. Allerdings konnte man nicht einfach in ein Geschäft gehen und ein Auto bestellen. Die Lieferzeit für einen Trabant oder Wartburg betrug rund 20 Jahre. Deshalb bestellte jeder ein Auto, sobald er 18 Jahre alt war. Bis es geliefert wurde, behalf man sich oft mit Moped oder Motorrad.

Mopeds, Mokicks und Roller von Simson

Zum Straßenbild der DDR gehörte von 1952 an das Motorrad Simson 425 (vormals AWO 425 genannt). Bis 1964 wurde die liebevoll „Dampfhammer" genannte Maschine im Werk VEB Fahrzeug und Gerätewerk Simson Suhl produziert. Danach spezialisierte sich das Werk auf Mopeds, Mokicks und Roller. Motorräder produzierte nun in der DDR nur noch die MZ Motorrad- und Zweiradwerk GmbH.

Die berühmte „Schwalbe", ein Roller von Simson

Die Simson-Motorroller Simson_SR1 und Simson_SR2 hießen umgangssprachlich Essi. Die S51 war ein beliebtes zweisitziges Kleinkraftrad, das zwischen 1980 und 1989 in verschiedenen Ausführungen gebaut wurde:

- **S51N**: Das N stand für Normal – im Volksmund sagte man scherzhaft, es bedeute „Nichts"; dieses Basismodell hatte nur eine belanglose elektrische Ausstattung ohne Akku, Zündschloss, Standlicht und Blinker.

- **S51B**: Das B stand für Blinker oder im Volksmund für „Besser"; folgerichtig besaß diese Modellvariante Blinker und dazu hydraulische Hinterraddämpfer, Zündschloss und einen Bleiakku.

- **S51E**: Das E stand für Enduro; besondere Merkmale dieser „Geländeausführung" waren der hochgezogene Auspuff, der hohe Lenker, die verstellbaren Hinterraddämpfer, Stahlfelgen und die gröbere Bereifung.

- **S51C**: Das C stand für Comfort oder auch „Cross"; die wichtigsten Zusatzfunktionen waren Drehzahlmesser, Seitenständer, weiße Lackierungen von Tank und Seitendeckel, schwarz lackierter Zylinder – und der höhere Preis.

Zündapp, Kreidler & Co.

In der Bundesrepublik waren in den 70ern und 80ern Mofas, Mokicks und Kleinkrafträder bei Jugendlichen sehr beliebt. Um Mofa fahren zu können, muss man mindestens 15 Jahre alt sein. Als Kleinkraftrad (auch Mokick oder Moped) werden motorisierte Zweiräder mit einem maximalen Hubraum von 50 cm³ und einer Höchstgeschwindigkeit von 45 km/h bezeichnet. Wichtig ist bei Kleinkrafträdern: Sie dürfen im Gegensatz zu Mofas auch zwei Personen befördern. Bekannte Hersteller waren Zündapp, Hercules, Kreidler und Maico.

Motorräder von MZ

Die MZ Motorrad- und Zweiradwerk GmbH war der Motorradhersteller der DDR. Bekannte Modelle waren zum Beispiel die RT 125/2, die MZ ES 250, die MZ ES 175 und die BK 350. Zusammen mit den daraus abgeleiteten Baureihen ETS 125/150 und TS 125/150 war die ES 125/150 mit rund 900 000 Maschinen das bis heute meistgebaute deutsche Motorrad. Die MZ, auch „Emme" oder „Emmie" genannt, war ein „Volksmotorrad": Es war beliebt, weitverbreitet und Teile konnten durch den einfachen Aufbau untereinander leicht ausgetauscht werden. Das war in der DDR-Mangelwirtschaft ein großes Plus.

Bekannte MZ-Modelle

	TS 125	TS 150	TS 250
Hubraum	123 cm³	143 cm³	243 cm³
Leistung	10 PS	11,5 PS	17–19 PS
Leergewicht	114 kg	114 kg	143 kg

Trabant: Trabi oder „Rennpappe"

Trabant heißt der ab 1957 in der DDR gebaute Pkw der VEB Sachsenring Automobilwerke Zwickau. Zwischen November 1957 und April 1991 wurden insgesamt 3 051 385 Trabants produziert. Viele Fahrzeuge exportierte man in die ČSSR, nach Polen und vor allem nach Ungarn. Anfänglich galt der Trabant als sparsam und robust. Doch schon bald veraltete er und konnte mit westlichen Produktionen nicht mehr mithalten.

Heute ist der Trabant ein Kultauto. Er wird liebevoll Trabbi bzw. Trabi genannt. Andere Namen waren – weniger freundlich – „Gehhilfe" bzw. „Rennpappe" oder „Pappe", weil seine Karosserie zum großen Teil aus den Kunststoffen Phenoplast oder Pertinax bestand.

Noch heute ein Markenzeichen der DDR – der Trabant

Zitat

„Ich sah Trabis zum ersten Mal kurz nach dem Fall der Mauer. Und dann gleich jede Menge: Eine nicht endende Schlange fuhr im Stop-and-go über die Hamburger Reeperbahn. Was mir am meisten auffiel, war der röhrende Klang, so ein übernervöses ‚renn teng teng'. Und die Zündaussetzer und natürlich die stinkende Ölfahne aus den Auspuffen."

Tobias Feurich

 ## „Volkswagen" DDR

Der erste ostdeutsche „Volkswagen":
Trabant 601

Produktionszeitraum: 1964 bis 1990
Motoren: 0,6 Liter Otto 17 bis 18 kW
Länge: 3555 bis 3560 mm
Breite: 1504 bis 1510 mm
Höhe: 1437 bis 1467 mm
Leergewicht: 620 bis 660 kg

Der zweite ostdeutsche „Volkswagen":
Wartburg 353

Produktionszeitraum: 1965 bis 1988
Motoren: 1,0 Liter Zweitakt-Otto 37 kW
Länge: 4220 bis 4380 mm
Breite: 1640 mm
Höhe: 1495 mm
Leergewicht: 920 bis 960 kg

 ## „Volkswagen" Bundesrepublik

Der erste westdeutsche „Volkswagen":
VW Käfer

Produktionszeitraum: 1938 bis 2003
Motoren: 4-Zyl.-Viertakt (Boxer)
mit 18 bis 40 kW
Länge: 4070 bis 4140 mm
Breite: 1540 bis 1585 mm
Höhe: 1500 mm
Leergewicht: 730 bis 930 kg

Der zweite westdeutsche „Volkswagen":
VW Golf

Produktionszeitraum: seit 1974
Motoren: Ottomotoren: 1,3 bis 3,2 Liter
(40 bis 184 kW)
Dieselmotoren: 1,6 bis 2,0 Liter
(40 bis 59 kW)
Länge: 3985 bis 4397 mm
Breite: 1665 bis 1786 mm
Höhe: 1415 bis 1485 mm
Leergewicht: 845 bis 1590 kg

Lustiges

Ein Ossi ist mit seinem Trabant zum ersten Mal im Westen und bleibt auf der Autobahn liegen. Ein freundlicher BMW-Fahrer erklärt sich bereit, ihn bis zur nächsten Tankstelle abzuschleppen. Auf der Fahrt zur Tankstelle wird der BMW von einem Mercedes überholt. Der BMW-Fahrer hat mittlerweile den Ossi mit seinem Trabi ganz vergessen und denkt sich: „Das kann ich mir nicht bieten lassen!" Der BMW und der Mercedes liefern sich ein Wettrennen auf der Autobahn. Dem Trabi-Fahrer wird angst und bange – da kommt auch noch die Tankstelle. Um den BMW-Fahrer auf sich aufmerksam zu machen, fängt er an zu hupen. Dies sieht der Tankstellenpächter, der darauf seinen Kollegen von der nachfolgenden Tanke anruft: „Mensch, Fritz, das musst du dir anschauen: Ein BMW und ein Mercedes liefern sich ein Wettrennen, dahinter ein Trabi, der hupt, um zu überholen!"

Der Trabant war von den Straßen nicht wegzudenken.

„Es gab in der DDR auch einen Gebrauchtwagenmarkt. Offiziell im Kaufvertrag durfte nur nach Gebrauchswert verkauft werden, also etwa 2000 Mark für einen Trabi. Inoffiziell wurden aber für denselben Wagen 20 000 Mark oder mehr bezahlt. Ein Golf 1 konnte über 100 000 Mark kosten."

Wolfgang Marin

Der Wartburg

Wartburgs wurden von 1898 bis 1903 sowie von 1956 bis 1991 in Eisenach gebaut. Der Name leitet sich von der Wartburg bei Eisenach ab. Von 1956 bis 1988 wurde der Wartburg von einem Dreizylinder-Zweitaktmotor angetrieben, ab Mitte Oktober 1988 von einem Vierzylinder-Viertaktmotor von VW. Den Wartburg gab es als viertürige Limousine, als fünftürigen Kombi („Tourist") und als zweitürigen Pick-up („Trans"). Zusammen mit dem Trabant prägte er das Straßenbild der DDR. Bekannte ausländische Namen waren unter anderem Skoda, Lada, Moskwitsch, Wolga oder auch Polski Fiat.

Unterm Strich: Leben mit der Einschränkung

Wer hinter einer Mauer leben muss, hat von vornherein eingeschränkte Reisemöglichkeiten. Die DDR-Bürger mussten deshalb in den Ferien mit der ostdeutschen Ostseeküste vorliebnehmen oder mit sozialistischen Staaten wie Ungarn. Und auch hier lagen Planung und damit auch die Überwachung immer beim SED-System. Nur Reisekader wie Topsportler hatten es einfacher. Aber sie zahlten oft einen hohen Preis: Durch das allgegenwärtige Doping erlitten sie zum Teil bleibende gesundheitliche Schäden. Einfacher war das Reisen im Kleinen, sprich mit Moped oder Trabi in die nähere Umgebung, etwa zu der eigenen Datsche.

11. Kapitel

Einkaufen in der Mangelwirtschaft

Die DDR – Zwischen Mauer, Trabi und Club-Cola

Wohnen und arbeiten, essen und einkaufen

Wie wohnte man in der DDR? Und wie arbeitete man? Was aß man? Und wie klappte das mit dem Einkaufen in der Mangelwirtschaft? Wie kleidete man sich zum Beispiel?

Wohnen in der „Platte"

Wohnungen waren immer knapp in der DDR, im Zweiten Weltkrieg waren zu viele zerstört worden. Zuerst setzte man auf klassische Mauerwerksbauten, aber diese Art zu bauen war vor allem vor dem Hintergrund der Planwirtschaft zu aufwendig. Denn schließlich nimmt jeder Hausbau eine Menge Zeit in Anspruch, und da es in der DDR ständig an Materialien fehlte, kam es zusätzlich immer wieder zu erheblichen Verzögerungen. So konnte der Wohnungsmangel nicht schnell genug behoben werden.

Der DDR-typische Plattenbau

Eine Reaktion darauf war das staatliche Wohnungsbauprogramm von 1972. Es brachte den DDR-typischen Plattenbau – auch „Platte" genannt – hervor. Das Ziel war, den Wohnraummangel bis 1990 in den Griff zu bekommen. Plattenbauten bestanden vorwiegend aus Betonfertigteilen.

Diese Art zu bauen war vergleichsweise günstig, es ging relativ schnell und war zumindest theoretisch leichter zentral zu planen. Die Siedlungen oder Stadtteile aus aneinandergereihten typgleichen Wohnbauten mit bis zu elf Stockwerken waren typisch für die DDR.

Der Plattenbau prägte viele Städte in der DDR.

Zitat

„Als ich die DDR in der 80ern das erste Mal besuchte, war ich ziemlich irritiert: Da gab es tatsächlich noch Gebäude mit Einschusslöchern aus dem Zweiten Weltkrieg. Und viele alte Häuser verfielen gänzlich, der Putz bröckelte, alles war grau, die Fensterrahmen vergammelten. Wer weiß, wie es wohl drinnen aussah?"

Jana Michels

Sogar ganze Städte mit bis zu 100 000 Einwohnern wie Halle-Neustadt wurden in Plattenbauweise errichtet. Im Rahmen des Wohnungsbauprogramms entstanden rund zwei Millionen Plattenbauwohnungen. Das Wohnungsbauprogramm „fraß" einen großen Teil des gesamten DDR-Staatshaushaltes auf. Deshalb hielt man ältere Gebäude in historischen Stadtkernen nicht instand. Kriegsschäden an solchen Häusern, etwa Einschusslöcher, wurden häufig gar nicht oder nur unzureichend behoben und die schönen historischen Innenstädte der DDR verfielen immer mehr. Trotz des Bauprogramms blieb der Wohnraum in der DDR zu knapp. Mangelnde und schleppend ausgeführte Reparaturen und die Schwierigkeit, Handwerker zu bekommen, schmälerten zudem die Wohnqualität. Kein Wunder, dass die DDR-Bürger gern in ihre Datschen flohen (siehe Kapitel 10).

Information

Wohnungsmiete in DDR und Bundesrepublik im Vergleich

In der DDR kostete eine Altbauwohnung 1989 noch so viel Miete wie 1936. Warmmieten von 100 Mark – auch für große Wohnungen – waren durchaus üblich. Im Westen hingegen stiegen die Mieten mit dem Wirtschaftswachstum. Hier mussten vor allem in Großstädten 40 Prozent und mehr des Einkommens für die Miete ausgegeben werden. Zum Vergleich: 1990 lag die Miete im Osten bei etwa 0,80 DM pro Quadratmeter, im Westen bei knapp 4,50 DM pro Quadratmeter und mehr.

Altbau in der DDR

„Nach der Wende mussten wir im Osten extrem schnell umlernen, wenn es um ganz praktische und alltägliche Dinge ging. Zum Beispiel wurde mir sehr schnell klar, dass das Wohnen nie mehr so billig sein würde. Die Mieten schnellten in die Höhe. Da hatte ich schon Sorge, das Leben könnte zu teuer werden und ich würde es mir möglicherweise nicht leisten können zu wohnen. Das war völlig neu für uns aus der DDR."

Elisabeth Lange

Die Einrichtung im „Arbeiterschließfach"

In der DDR-typischen Dreiraumwohnung oder der Einraum-Plattenbauwohnung standen oft Möbel aus Dresden-Hellerau. Dort haben die Deutschen Werkstätten ihren Sitz. Sie produzierten ab 1957 die Möbel-Typenserie „602", die als DDR-Klassiker gilt. Später kam das Möbelprogramm Deutsche Werkstätten (MDW) hinzu. Dieses Montagesystem bestand aus Seitenwänden und Regalen in weißem Schleiflack und aus Fronten in dunklem Holzfurnier. Beide Serien prägten die Wohnungen in der DDR. Zwar konnte man Einzelstücke erwerben, allerdings verkaufte der DDR-Handel lieber komplette Schrankwände, den „vor die Wand gestellten Stauraum".

Eine Besonderheit an DDR-Wohnungen war die im Innern der Wohnung liegende und so fensterlose Küche: Nur wenige Quadratmeter groß, war sie mit dem Wohnraum in Form einer Durchreiche verbunden.

MDW-Möbel sah man selten so pur, meist standen sie in engen Räumen zusammen mit anderen Möbeln.

Arbeiten im sozialistischen Wettbewerb

In einer sozialistischen Planwirtschaft (siehe Kapitel 4) erstellen die jeweilige Betriebsleitung und die Behörden am Jahresanfang einen Haushaltsplan für das betreffende Unternehmen – so war es auch in der DDR. In dem Haushaltsplan wurde festgelegt, was in welchem Zeitraum produziert werden sollte. Die Betriebe führten Statistiken über die Erfüllung des Planes und meldeten die entsprechenden Zahlen an die zuständigen Ministerien. Diese entsprachen allerdings nicht immer der Wahrheit, oft frisierten die Unternehmen ihre Ergebnisse, um vor dem Staat in einem besseren Licht dazustehen. Man versuchte also, Herstellung und Stückzahl von jedem Produkt in einem bestimmten Zeitraum genau festzulegen. Dieses planwirtschaftliche Prinzip ist extrem starr und macht es fast unmöglich zu reagieren, wenn sich zum Beispiel Kaufgewohnheiten plötzlich ändern oder Engpässe in der Versorgung mit Rohstoffen und Materialien entstehen. Deshalb wurden in der DDR immer wieder sogar ganz alltägliche Waren wie Nähseide und Kaffee knapp.

Diesem Mangel begegnete der Staat mit Propaganda. Personen und Kollektive, die ihr Plansoll übererfüllt hatten, wurden mit Ehren überschüttet. Wichtig dabei war der sogenannte sozialistische Wettbewerb. Durch ihn sollten die Arbeiter zu mehr Leistung angespornt werden. Wettbewerbsziele waren unter anderem, die Produktqualität im jeweiligen Betrieb zu erhöhen und die eingesetzten Materialien noch effektiver zu nutzen. Wer gewann, dem winkten Preise. Besonders die Geldprämien boten einen wirksamen Anreiz, den Plan überzuerfüllen. Sie waren oft lukrativer als eine höhere Position, da in der DDR die Unterschiede im Verdienst geringer waren als im Westen.

Zitat

„Ich war Brigadeleiter. Finanziell gebracht hat mir das weniger als im Westen als Teamleiter. Ich verdiente so knapp 1100 Mark brutto. Als Ungelernter wäre es nur etwas weniger gewesen, keine zehn Prozent, denke ich. Aber ich hatte Lust, mehr aus mir zu machen, mich weiterzubilden und mich zu fordern."

Tobias Feurich

Werktätige statt Arbeiter

Die Arbeiter in der DDR und den anderen sozialistischen Staaten hießen Werktätige. Dieser Begriff bezeichnete nach der Weltanschauung des Marxismus-Leninismus einen Menschen, der seinen Lebensunterhalt durch Arbeit verdient, also nicht auf Kosten anderer lebt. Zu den Werktätigen wurden daher in der DDR alle Arbeiter, Angestellten, nicht selbstständige Bauern, Angehörige der Intelligenz und selbstständige oder genossenschaftlich organisierte Handwerker gezählt, nicht aber Unternehmer, die andere im Sinne der DDR-Ideologie nur ausbeuteten. In unserem Verständnis sind Werktätige Arbeitnehmer und Arbeitgeber.

Arbeit im Gleichtakt – und im Stillstand

Da die DDR-Wirtschaft dringend Werktätige brauchte, um mit dem Westen zumindest halbwegs Schritt zu halten, wurde die Arbeit jederzeit und überall in den Vordergrund gerückt, zum Beispiel im Fernsehen. Zudem verstand sich die SED als Vorhut der Arbeiterklasse und ließ deshalb intensiv über „ihre" Klasse berichten.

Schichtarbeiter arbeiteten acht Stunden am Tag. Die Arbeitszeit der anderen betrug in der Regel 8 3/4 Stunden. Bis 1967 arbeitete man sechs Tage, danach fünf Tage in der Woche.

Für die Werktätigen in den Betrieben begann der Arbeitstag oft um sechs Uhr in überquellenden Straßenbahnen, Bussen und Zügen. Eine Stunde später folgten ihnen die Angestellten, Verkäufer und Schüler.

Ihr Alltag sah allerdings meist anders aus, als die Propaganda mit ihrem Gerede vom erfolgreichen Sozialistischen Wettbewerb behauptete. Oft waren unrealistische Planziele vorgegeben. Da man sie nicht erreichte, versuchte man, die Statistiken durch heimliche Korrekturen oder Tricksereien schönzufärben. Wegen fehlender Materialien und mangelhafter Organisation stockte mitunter die Produktion eines ganzen Betriebes, manchmal sogar für längere Zeit. Brigaden standen herum und schlugen ihre Arbeitszeit tot. Diese Arbeitszeitausfälle gefährdeten die Planerfüllung noch mehr. Die Mängel konnten oft nur durch Sonderschichten und Überstunden wettgemacht werden.

Lustiges

Gipfeltreffen zwischen den Staatschefs der Sowjetunion, der USA und der DDR. Zum Abschluss zeigt man den Besuchern das weltberühmte Tal der Echos. Der Generalsekretär der KPdSU macht den Anfang: „Die UdSSR ist groooß!" – Echo: „Groß, groß, groß ..." Der Präsident der USA ruft: „Die USA sind reich!" – Echo: „Reich, reich, reich ..." Nun ist Honecker dran. Er denkt sich: Groß ist die DDR nicht, reich auch nicht. Also ruft er: „Die DDR hat Weltniveau!" Echo: „Wo, wo, wo ..."

Die besondere Rolle der Frauen in der DDR-Wirtschaft

1989 waren in der DDR über 90 Prozent der Frauen berufstätig. Hausfrauen gab es kaum. Wegen der recht niedrigen Löhne war es oft nötig, dass beide Ehepartner arbeiteten. Gleichzeitig wurden Familien mit vielen Kindern vom SED-Staat bevorzugt. Die Staatsführung wollte auf diese Weise dem durch die vielen Flüchtlinge verursachten

Bevölkerungsrückgang entgegenwirken. So erhielt jedes Paar bei einer Hochzeit bis zum 29. Lebensjahr einen zinslosen Ehe-Kredit von 7000 Mark. Er wurde beim ersten Kind um 1000 Mark, beim zweiten um nochmals 1500 Mark und beim dritten Kind um 2500 Mark getilgt. Mütter mit zwei oder mehr Kindern bekamen mehr Urlaub.

Ausländer in der DDR

Der ständige Arbeitskräftemangel führte dazu, dass die DDR-Regierung ausländische Werktätige anwarb. Die meisten kamen aus Vietnam und anderen Dritte-Welt-Staaten, ansonsten stammten sie vor allem aus dem Ostblock und aus einigen kapitalistischen Ländern. Zur Wende lebten rund 190 000 Ausländer in der DDR, in der Bundesrepublik waren es zu diesem Zeitpunkt über fünf Millionen. Untergebracht waren sie in betriebseigenen Wohnheimen, die oft von der übrigen Bevölkerung entfernt und abgeschottet von den Wohnungen der Ostdeutschen lagen. Dadurch war in der DDR eine Integration der Arbeitsimmigranten nie möglich, es gab einfach zu wenig private und persönliche Kontakte zwischen Ausländern und Ostdeutschen.

Information

Gastarbeiter im Westen

Mit dem „Wirtschaftswunder" im Westen brauchte man in den 50er-Jahren in Westdeutschland immer mehr Arbeitskräfte. Deshalb warb man viele sogenannte Gastarbeiter aus dem Ausland an. Die ersten stammten aus Italien, Spanien, Jugoslawien und Griechenland. Seit 1960 kamen auch Menschen aus der Türkei und Portugal. 1964 wurde in der Bundesrepublik der offiziell millionste „Gastarbeiter" begrüßt: ein Portugiese. Bereits im September 1971 waren über zehn Prozent der Arbeitnehmer in der Bundesrepublik Arbeitsimmigranten. Heute leben weit über sechs Millionen Ausländer in der Bundesrepublik, wobei ein Großteil davon Familienangehörige der Berufstätigen sind. Längst sind sie weitgehend in die deutsche Gesellschaft integriert, führen eigene Geschäfte wie Pizzerien oder Gemüseläden und pflegen Kontakte zu Deutschen.

Bundesrepublik

Essen in der DDR: Broiler, Soljanka und Sättigungsbeilage

Im Westen wurde die Küche im Laufe der Jahre, auch durch die Arbeitsimmigranten, immer internationaler und anspruchsvoller. Zu den Klassikern wie Kassler mit Sauerkraut kamen Quiche Lorraine, Pizza und Pesto und immer mehr exotische Früchte, Gemüse und andere Zutaten. Im Osten dagegen war die Vielfalt begrenzt. Das lag daran, dass die Menschen bis in die 1950er-Jahre nur eine bestimmte Menge an Nahrungsmitteln einkaufen durften und zudem unzureichend mit Lebensmitteln aus dem Ausland versorgt waren. Nahrungsmittel aus dem „Nichtsozialistischen Wirtschaftsgebiet" mussten mit westlichem Geld, etwa der Deutschen Mark, bezahlt werden und das hatten die wenigsten. Waren wurden vor allem aus den „Sozialistischen Bruderländern" eingeführt (siehe Kapitel 4). Die DDR-Küche bestand aus den traditionellen regionalen Gerichten der fünf östlichen Bundesländer und Berlin sowie aus einigen Gerichten der osteuropäischen Küche.

Zu einer Überversorgung kam es in der DDR in den 70er-Jahren: Der Butterverbrauch war der höchste der Welt, der von Fleisch ebenso. In der Woche hatte ein einzelner DDR-Bürger 1700 Gramm Fleisch und Wurst gegessen, also knapp 30 Wiener Würstchen. Man ernährte sich also nicht gerade ausgewogen und gesund. Im Gegenteil: Die Gerichte waren schwer mit vielen Kartoffeln, viel Soße und eben viel Fleisch. In der DDR wurde zudem viel Alkohol getrunken, und zwar hochprozentiger, zum Beispiel Wodka. Der war besser als die Weine, die man in der DDR kaufen konnte.

Information

„Wirtschaftswunder" und Fresswelle

Die Bundesbürger erlebten in den 50er-Jahren das „Wirtschaftswunder". Dadurch stiegen die Einkommen und für viele wurden früher kaum erschwingliche Luxusgegenstände zu alltäglichen Gebrauchsgütern. Dabei verlief die Entwicklung des Konsums in Wellen. So kam es – nach einer Zeit der Entbehrung – für kurze Zeit zu einer wahren Sucht nach gutem und vor allem reichlichem Essen – verbunden mit Übergewicht. Man sprach von der Fresswelle.

Bundesrepublik

Der Broiler und andere typische Gerichte

Schwein, Rind und Geflügel gab es, Kalb und Lamm dagegen kaum. Als Beilage waren wie in Westdeutschland überwiegend Kartoffelgerichte und Reis verbreitet. Die „Sättigungsbeilage" war eine Rubrik auf den Speisekarten unter anderem für Kartoffeln, Reis und Nudeln. Schon der Begriff zeugt davon, dass es nicht um Genuss ging, sondern darum, satt zu werden.

Bei Früchten überwogen einheimische Obst- und Gemüsesorten. Tomaten oder Paprika waren Mangelware, Südfrüchte gab es meist nur in Konserven und als teure Artikel in speziellen Läden.

Als Imbiss waren verbreitet: Bockwurst, Wiener Würstchen, Currywurst und Bratwurst. Seit 1961 konnte man außerdem überall Brathähnchen essen. Der Grund: Massentierhaltung im Kombinat „Industrielle Mast". Die Brathähnchen hießen Broiler und wurden in speziellen Restaurants („Zum Goldbroiler" oder „Broilerbar") angeboten. In den 1980er-Jahren kamen die dem Hamburger ähnelnde Grilletta und die dem

Lustiges

Ein Trabi fliegt aus der Kurve und kommt auf einer Wiese zum Stehen – direkt über einem Kuhfladen. Fragt der Kuhfladen: „Wer bist du denn?" Sagt der Trabi: „Ein Auto." Der Kuhfladen: „Wenn du ein Auto bist, dann bin ich eine Pizza."

Hotdog nachempfundene Ketwurst hinzu. Zur DDR-Küche gehörte auch eine Form des Jägerschnitzels, bei dem panierte und gebratene Jagdwurstscheiben mit Tomatensoße und Nudeln serviert wurden. Außer den typischen Eintöpfen aus Kartoffeln, Hülsenfrüchten und Kohl wurde die Soljan-ka, eine säuerlich scharfe Gemüsesuppe aus Russland, typisch für die DDR-Küche. Daneben hielten ab den 1950er-Jahren einige Gerichte aus dem Westen Einzug: neben Pizza (auch Krusta genannt) und Pommes frites der Toast Hawaii (regional als Karlsbader Schnitte bezeichnet).

Zitat

„Als wir auf Tagesbesuch in Ostberlin waren, hat uns irritiert, dass wir in keinem Lokal einen Platz bekamen, obwohl alles frei war. Überall stand ‚Reserviert'. Selbst wenn ein Schild sagte ‚Bitte warten, Sie werden platziert!', konnten wir lange warten – auf jeden Fall länger, als unser Tagesvisum es erlaubt hat. Ganz offensichtlich wollte uns niemand bedienen, vielleicht, weil wir aus dem Westen waren"

Michael Winckler

Einkaufen in der Mangelwirtschaft

Die Ost-Mark

Mit der Mark (M) der DDR konnte man nur in der DDR bezahlen. 1 Mark war wie im Westen unterteilt in 100 Pfennige (Pf.). Die wichtigsten Leistungen oder Güter wie Grundnahrungsmittel, Wohnungen oder das Fahren mit Bus und Bahn waren in der DDR staatlich gefördert und daher sehr billig. Im Osten musste man also weniger lange arbeiten, um seine Miete bezahlen zu können. Bei Konsumgütern wie Fernsehgeräten oder Autos sah die Sache ganz anders aus: Sie waren deutlich teurer als in der Bundesrepublik. Um sich einen solchen „Luxusgegenstand" leisten zu können, musste man in der DDR viel länger arbeiten. Auf dem freien Markt war die Mark der DDR lange Zeit etwa 0,2 D-Mark wert. Ein Wechsel von Mark in D-Mark war nur sehr begrenzt möglich: Wenn DDR-Bürger beispielsweise in den Westen reisen durften, war es ihnen verboten, mehr als einen bestimmten Betrag pro Reisetag abzuheben.

Geldscheine der DDR-Währung

Zwangsumtausch

Mindestumtausch – inoffiziell Zwangsumtausch genannt – bezeichnete die für Besucher der DDR geltende Verpflichtung, einen bestimmten Betrag bei der Einreise in Mark der DDR umzutauschen. Pro Aufenthaltstag und Person war eine Summe einzuwechseln. Der Mindestumtausch betrug für Bundesbürger pro Tag zuletzt 25 Mark der DDR im Kurs 1:1. Für eine D-Mark erhielt man also eine Mark – und verlor damit pro eingetauschter D-Mark 80 Pfennige.

Bundes-
republik

Bekannte Ostprodukte

Manche DDR-Produkte gibt es noch heute.

„Blaue Fliesen"

Westgeld wurden in der DDR umgangssprachlich alle westlichen Währungen genannt. Im engeren Sinne war damit die D-Mark gemeint. Offiziell sprach man von Valuta. Außer in der staatlichen Einzelhandelskette Intershop war Westgeld zwar kein gesetzliches Zahlungsmittel in der DDR, dafür jedoch in Form von Bargeld eine Zweit- oder Schattenwährung, vor allem für Güter und Dienstleistungen, die normale DDR-Bürger nicht ohne Weiteres bekamen. Wünsche, Mark gegen Westgeld einzutauschen, wurden sogar in Zeitungen der DDR annonciert. Für D-Mark las man dabei häufig die Umschreibung „bunte Scheine" oder „blaue Fliesen" – wegen der

Farbe der 100-DM-Scheine. Im Intershop wurde westliche Ware verkauft. DDR-Bürger mussten von 1979 an Geld in sogenannte Forumschecks umtauschen, wenn sie dort einkaufen wollten. Auch die Forumschecks wurden fortan als „Zweitwährung" für die Mangelware Handwerkerleistung und Trink- bzw. Bestechungsgelder eingesetzt. Außerdem kaufte man damit „Bückware": Artikel, die örtlich knapp waren und für die man sich wenigstens im übertragenen Sinne unter den Ladentisch „bücken" musste oder die man für die Mark der DDR gar nicht bekam. Bückware hieß scherzhaft FDGB-Ware: „Für die guten Bekannten".

Geldscheine und Münzen der
bundesrepublikanischen Währung

Lustiges

Auf der Transit-Autobahn wird ein DDR-Bürger in seinem Trabi von einem Mercedes überholt. Der Trabi-Fahrer schaut neidisch hinterher. Nach einigen Kilometern sieht er den Mercedes schwer beschädigt im Straßengraben liegen. Er hält an, steigt aus und findet den Mercedes-Fahrer tot hinterm Lenkrad. Der Trabi-Fahrer sieht sich vorsichtig um und will gerade nach der Brieftasche des Toten suchen, als ein DDR-Forstbeamter mit Gewehr aus den Büschen kommt: „Finger weg! Schieß dir dein Geld selber!"

Ein DDR-Bürger übersiedelt in den Westen. Er geht in ein Geschäft und verlangt eine Schachtel Cabinet. Der Verkäufer: „Ham wa nich." Er: „Geht das schon wieder los ..."

Werbung in der DDR

Sie war immer ausgerichtet auf das, was es gerade in den Läden gab bzw. weg musste. Hier einige Beispiele für Werbeslogans:

- „Ei – rund und gesund!"
- „Eine kleine flotte Biene ist die Teppichkehrmaschine."
- „Jedermann auf jedem Tisch/mehrmals in der Woche Fisch!"

DDR-Kinderspielzeug

Alle Kinder spielen gerne. Und alle Kinder mögen ähnliche Spielsachen, Puppen zum Beispiel oder Spielzeugautos. Das war auch in der DDR so. Bemerkenswert war allerdings der hohe Anteil an militärischen Spielwaren wie Spielzeugpanzern. Er entsprach der weitgehenden Militarisierung der DDR-Gesellschaft, in der die Wehrerziehung Teil des Schulunterrichts war (siehe Kapitel 9). Interessant ist zudem, dass sich auch in der DDR Kinder für Cowboys und Indianer begeistern durften, obwohl es diese doch eigentlich nur beim verhassten Klassenfeind, den USA, gab.

Fokus Mode: viel Lederersatz und Synthetik

Mode ändert sich und Mode ist verspielt. Beides stand im Widerspruch zur unflexiblen Planwirtschaft. So war die Mode in der DDR von Mangelwirtschaft geprägt: Steppnähte, Knöpfe und fast alle Verzierungen mussten in der Kleiderproduktion eingespart werden. In den Geschäften hingen Sachen aus minderwertigen Stoffen, billig verarbeitet und einfallslos gestaltet, und das, obwohl die DDR im Textilmaschinenbau führend war. Attraktivere Kollektionen wurden jedoch ausschließlich für das Ausland gefertigt: Ganze vier Fünftel aller produzierten Klei-

Meist wirkte Mode aus der DDR ziemlich bieder und langweilig.

dung wurden exportiert. 1969 schuf man zum 20. Jahrestag der DDR ein Produkt für die „konsumbedürftige" Bevölkerung: den Stoff „Präsent 20". Anfangs wegen seinen Pflegeeigenschaften beliebt, geriet er bald schon in die Kritik: Er bestand lediglich aus Polyester und roch daher unangenehm, zumal er Körperschweiß nicht absorbieren konnte. Zudem standen die Kleidungsstücke immer etwas ab. Die Kleidung lud sich darüber hinaus elektrisch auf, was besonders bei langen Röcken problematisch war: Der Stoff blieb einfach am Bein kleben. Kleidung aus Leder gab es in der DDR nicht.

Zitat

„In den Paketen, die meine Mutter in die DDR schickte, waren neben Kaffee und Schokolade immer auch Nähseide, Modezeitschriften und Stoff – aber nicht immer kam die ‚heiße' Ware an. Man musste Glück haben."
Tobias Feurich

Als Ersatz kamen Lederol, Dederon (Perlon), Wolpryla und Grisuten auf den Markt. Sie sollten mehr Farbe und Textilqualität in den grauen DDR-Alltag bringen. Am Ende aber war auch dieses Material nicht mehr als unbequeme und unpraktische Synthetik. Das Straßenbild prägten dunkelblaue und dunkelbraune Kostüme und Anzüge.

Mode war in der DDR auch eine politische Frage: Wer in den 50er- und 60er-Jahren in Jeans zur Schule kam, den kritisierten die Lehrer oft dafür, die Kleidung des Klassenfeindes zu tragen. Später wurde das lockerer gesehen. Die DDR erfand mit Wisent und Boxer sogar eigene Jeansmarken bzw. „Nietenhosen". Die „Stone-washed"-Jeans hießen im Osten Marmor-Jeans.

Um der modischen DDR-Tristesse zu entgehen, brauchte man eine Nähmaschine, Strick- und Häkelnadeln und natürlich Talent. Und man brauchte Stoff und Schnittmuster. Schnittmusterbogen und modische Tipps boten die Zeitschriften „Pramo", „Sibylle" und „Saison" – und von Besuchern aus dem Westen eingeschmuggelte Westzeitschriften wie „Burda Moden". Die Frauenzeitschrift „Sibylle" galt als Ost-„Vogue". Sie brachte auch anspruchsvolle Modefotos, die jedoch mit der DDR-Wirklichkeit wenig zu tun hatten.

Information

„Burda Moden"

Die Zeitschrift wurde in Westdeutschland in der Nachkriegszeit berühmt durch ihre dem Heft beigefügten Schnittmuster auf Papierbogen. Danach konnte Kleidung zu Hause nachgeschneidert werden. Dieser Schnitt des Westens wurde in der DDR auf dem Schwarzmarkt für viel Geld von Frau zu Frau weitergereicht – oft in zerfledderter, vielfach benutzter, kaum noch zu erkennender Form. „Burda Moden" erschien 1987 sogar ganz offiziell auf dem russischen Markt.

Bundes-republik

Lustiges

In einer düsteren Kneipe sitzt ein alter Mann trübsinnig vor seinem Hellen und sinniert laut in sein Bierglas: „So ein Scheißstaat, ja, so ein Scheißstaat!" Am Tisch gegenüber sitzt ein Mann mittleren Alters in einem unauffälligen Präsent-20-Anzug. Nach einer Weile geht dieser zu dem trübsinnigen Mann und fragt ihn: „Wie können Sie es wagen, unsere sozialistische Heimat zu beleidigen?" Daraufhin entgegnet der andere mit einem schelmischen Lächeln: „Wieso? Sie wissen doch gar nicht, welchen Staat ich meine." Der Jüngere überlegt eine Weile und verlässt dann mit hochrotem Kopf das Lokal. Nach einer Woche kommt er wieder. Wieder sitzt der alte Mann am Tisch und sinniert in sein Glas: „So ein Scheißstaat, ja, so ein Scheißstaat!" Der Mann im unauffälligen Präsent-20-Anzug geht auf ihn zu und sagt: „Ministerium für Staatssicherheit, Sie sind wegen Beleidigung unseres Arbeiter- und Bauernstaates festgenommen." Daraufhin entgegnet der andere wieder schelmisch: „Wieso? Sie wissen doch gar nicht, welchen Staat ich meine." Diesmal jedoch antwortet der Jüngere sofort: „Doch! Ich habe mich erkundigt. Es gibt nur einen Scheißstaat."

Die Mode der DDR litt an mangelnden Möglichkeiten und schlechter Qualität.

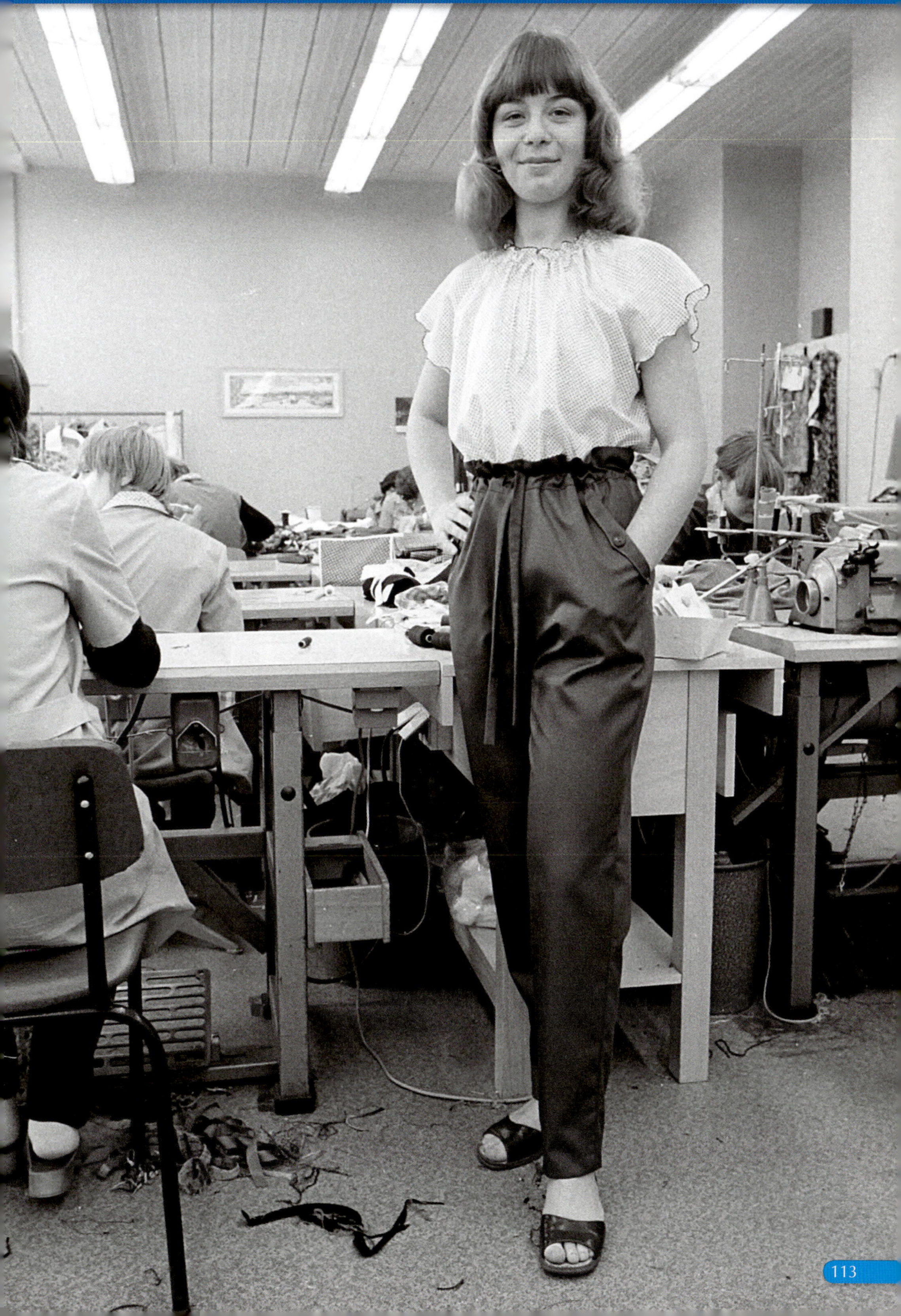

Westpakete gegen den Kaffeemangel

Da es in der DDR an Produkten wie Kaffee mangelte, war das „Westpaket" für viele DDR-Bürger wichtig. Westpaket war die übliche Bezeichnung für Pakete, die Westdeutsche an Familienangehörige und Freunde in der DDR schickten.

Sie mussten die Aufschrift „Geschenksendung, keine Handelsware" tragen und ein Inhaltsverzeichnis enthalten. Darauf standen oft ähnliche Dinge. Verschickt wurden neben Kleidung und Bettwäsche vor allem Süßigkeiten, Backzutaten und Kaffee. Mit der Folienverpackung des Kaffees versteckte man häufig – illegal – D-Mark vor den Durchleuchtungsanlagen der Stasi. Denn natürlich nahm die Stasi die Westpakete gründlich unter die Lupe. Die Paketkontrollen der DDR wurden immer weiter verschärft. Stasi-Praxis war es auch, Pakete mit ihrem gesamten Inhalt zu unterschlagen. Dazu reichten manchmal schon ungenaue Inhaltsverzeichnisse. Die durchschnittlich rund 25 Millionen Pakete pro Jahr enthielten etwa 1000 Tonnen Kaffee und fünf Millionen meist gebrauchte Kleidungsstücke. Beides war auch als Tauschware sehr begehrt. Im Gegenzug schickten die DDR-Bürger ihren westdeutschen Verwandten und Freunden in den jährlich rund neun Millionen „Ostpaketen" vor allem Bücher, Schallplatten und zur Weihnachtszeit echte Dresdner Christstollen.

Zitat

„Es gab bei uns in der Familie zwei brenzlige Westpaket-Sendungen. Ein Herzmedikament für meinen Vater wurde versteckt in einer Haribo-Tüte an uns geschickt. Der Brief mit der – verschlüsselten – Erklärung dazu kam erst ein paar Tage später an. Bis dahin hatten meine Kumpels und ich längst alles aufgegessen. Zum Glück ist nichts passiert. Ein anderes Mal schickte uns ein Onkel aus dem Westen ein Paket mit einem Medikament für unseren Hund. Der litt an einer Krankheit namens Ohrenzwang. Das Mittel dagegen waren ätzende Tropfen. Die hatte mein Onkel in eine Shampooflasche gefüllt. Doch sie ist nie bei uns angekommen und auch nie an meinen Onkel zurückgeschickt worden. Das war schon ein mulmiges Gefühl, nicht zu wissen, wo sie geblieben ist und wer eventuell Schaden genommen hat."

Wolfgang Marin

Lustiges

Erich Honecker will sehen, wie beliebt er in der Bevölkerung ist, und klingelt deswegen bei einfachen Leuten an der Haustür. An einer macht ein kleiner Junge auf und fragt: „Wer bist du denn?" Erich beugt sich zu ihm hinunter: „Ich bin derjenige, der dafür sorgt, dass ihr einen Fernseher und immer genug zu essen habt!" – „Mami, Mami, schnell, Onkel Peter aus Köln ist da!"

Auch in der DDR gab es Cola – neben Club-Cola auch Vita-Cola.

„Wenn meine Tante zu Besuch kam, fiel natürlich zuerst das Westauto auf, ein gelber Ford Sierra. Alle unsere Nachbarn sind um das Auto herumgelaufen, haben gefachsimpelt, durften einmal unter die Motorhaube schauen. Das war schon was Besonderes, was Tolles. Und meine Tante hatte immer ganz andere Koffer als wir. Natürlich auch mit ganz anderen Sachen darin. Ihren Locken-stab, den sie beim Besuch zur Jugendweihe dabeihatte, durfte ich sogar behal-ten. So etwas gab es bei uns nicht."

Mareike Schnellenkamp

Unterm Strich: Leben in der Mangelwirtschaft

Der Alltag in der DDR war durch Mangel gekennzeichnet: Es gab zu wenige Woh-nungen, ein eingeschränktes Warenangebot und deshalb viel Selbsthilfe. Der Job bot meist wenige Anreize, oft konnte gar nicht gearbeitet werden, weil das Material zur Verarbeitung nicht angeliefert wurde. Die Planwirtschaft zeigte im Alltag für jeden sichtbar ihre Grenzen. Die zugehörigen Sta-tistiken wurden jedoch bis zum Ende der DDR geschönt.

12. Kapitel

*Der Kosmonaut Sigmund Jähn war
der erste Deutsche im All.*

Die DDR – Zwischen Mauer, Trabi und Club-Cola

Von ABV bis Zellstofftaschentuch – kleines ABC der DDR-Sprache

Diese exemplarische Sammlung von Begriffen aus der DDR enthält im Wesentlichen Wörter aus dem politischen und gesellschaftlichen Alltag.

ABV

Abkürzung für Abschnittsbevollmächtigter. Der Polizist war für ein bestimmtes Wohngebiet zuständig.

AgitProp

Die Kurzform für Agitation, also die Werbung für bestimmte politische Ziele, und Propaganda stand für die Beeinflussung im Sinne des „sozialistischen Staates", manchmal war damit auch eine Person gemeint, die Propaganda betrieb.

Aktivist

Abkürzung für „Aktivist der sozialistischen Arbeit". Mit der häufig verliehenen Auszeichnung wurden zum Beispiel Werktätige geehrt, die das Plansoll übererfüllt oder die Arbeitsweise in ihrem Betrieb verbessert hatten.

Antifaschistischer Schutzwall

Bezeichnung der SED für die Berliner Mauer und die Grenze zu Westdeutschland (auch: antiimperialistischer Schutzwall)

Apparatnik

Ein SED-Parteifunktionär, der aus Sicht der Parteibürokratie – des Apparates – denkt, redet und handelt (auch: Apparatschik)

Arbeiter- und Bauernstaat

Offizielle Bezeichnung für die DDR

Argument der Woche

Name einer Broschüre für Agitatoren oder Bezeichnung für eine entsprechend aggressive, kurze politische Schulung für Mitarbeiter

Berlin-Pankow

Bis 1964 war das Schloss Schönhausen in dem Berliner Stadtbezirk Pankow Amtssitz des DDR-Staatsoberhaupts, des Vorsitzenden des Staatsrates. Später lebten in Pankow viele SED-Politiker der Führungsspitze. Deshalb wurde „Pankow" in westdeutschen Medien oft verwendet, wenn die DDR-Regierung gemeint war.

Bienchen

Ein Belobigungsstempel mit einer „fleißigen" Biene darauf. Lehrer stempelten sie Schülern der Unterstufe für gute Leistungen ins Heft.

„Sonderzug nach Pankow"

Udo Lindenberg wollte in der DDR ein Konzert geben, was ihm die DDR-Behörden aber verweigerten. Daraufhin veröffentlichte er 1983 einen neuen Song. Sein Titel: „Sonderzug nach Pankow". In ihm richtet er sich direkt an den Staatsratsvorsitzenden Erich Honecker. Das wirkte: Am 25. Oktober 1983 durfte er schließlich in der DDR auftreten, und zwar im Berliner Palast der Republik.

Bundes-republik

Blockflöten

Bezeichnung für die Blockparteien und deren Mitglieder

Blockparteien

Zum „Demokratischen Block" zusammengefasst, wurden die kleinen, neben der SED bestehenden politischen Parteien in der DDR Blockparteien genannt.

Brettsegeln

Offizielle Bezeichnung für Windsurfen

Brigade

Kleinste Arbeitsgemeinschaft in einem Unternehmen (Team). Sie ist für einen bestimmten Bereich verantwortlich.

Bruderstaaten

So wurden die anderen nichtkapitalistischen, sozialistischen und kommunistischen Staaten genannt, insbesondere die Mitgliedstaaten des wirtschaftlichen Zusammenschlusses RGW und des Militärbündnisses Warschauer Pakt wie Polen und Ungarn.

Der feste/klare Klassenstandpunkt

Mit dieser Redewendung bezeichnete man ein sozialistisches Weltbild bzw. eine marxistisch-leninistische Weltanschauung.

Die Partei

Stand vor dem Wort „Partei" der bestimmte Artikel „die", war damit stets die SED gemeint.

„Die Rache des Papstes"

Durch deren Struktur spiegelt sich Sonnenlicht in der Kugel des Berliner Fernsehturms in Form eines (Kirchen-)Kreuzes. Da die DDR gegenüber der Kirche negativ eingestellt war, sprachen die Berliner von der „Rache des Vatikans" oder der „Rache des Papstes".

Diktatur

Im Verständnis der SED (und entgegen der westlichen Sicht): Herrschaft einer Klasse (siehe Kapitel 3)

Dispatcher

Für den reibungslosen Ablauf verantwortliche Mitarbeiter

Dorfsheriff

Ein für ein bestimmtes Wohngebiet oder eine einzelne Straße zuständiger Polizist auf dem Land. Seine offizielle Bezeichnung war Abschnittsbevollmächtigter (ABV).

Fahne

Umgangssprachliche Bezeichnung für die Nationale Volksarmee, die Armee der DDR

Feierabendheim

Altersheim

(ein)fetzen

Vor allem die Jugendlichen in Ostberlin sagten: „Das fetzt (ein)!", wenn sie etwas toll fanden.

Firma

Umgangssprachlich für die Stasi

Lustiges

Was passiert, wenn der Fernsehturm am Alex umkippt?
Dann kann man mit dem Fahrstuhl in den Westen fahren.

Der Berliner Fernsehturm

Fleppen

Salopp für Führerschein

(Die) Freunde

Bezeichnung für die Sowjetunion, die Sowjetbürger und die sowjetischen Soldaten

Freundschaft!

FDJ-Gruß. Mit ihm wurden Versammlungen des staatlich geförderten sozialistischen Jugendverbands und ab der achten Klasse häufig Unterrichtsstunden begonnen; ebenso üblich war er beim Fahnenappell (siehe Kapitel 9).

Für Frieden und Sozialismus – Seid bereit! – Immer bereit!

Gruß der Jung- und Thälmannpioniere

Genosse, Genossin

Offizielle Anrede für die Soldaten der Nationalen Volksarmee und für die Mitglieder der SED

Gesellschaftliche Aktivität

Ehrenamtliche Tätigkeit

Goldene Hausnummer

Auszeichnung für Hausgemeinschaften, die sich bei der Pflege und Gestaltung ihres Hauses, Hinterhofs oder ihrer näheren Umgebung besonders hervortaten

Goldener Westen

(Auch ironisch) für Westdeutschland

Großer Bruder

Sowjetunion

Gute Genossen

So wurden zuverlässige Parteimitglieder genannt.

Hausbuch

Geführt wurde es in der Regel vom Hausvertrauensmann, einem Mieter des Hauses. Darin enthalten waren die Namen, Geburtsdaten und Berufe der Mieter und Untermieter des Hauses sowie die Lage ihrer jeweiligen Wohnung. War ein Besucher aus der DDR länger als drei Tage zu Gast, musste er sich beim Hausbuchbeauftragten melden und wurde von ihm ins Hausbuch eingetragen. Besucher von außerhalb der DDR waren innerhalb von 24 Stunden nach ihrer Ankunft im Haus einzutragen. Notiert wurden stets: Name des Besuchers,

Geburtsdatum, Staatsbürgerschaft, ausgeübte Tätigkeit, Anschrift der Hauptwohnung, Name des Besuchten, Zeitraum des Besuchs sowie die An- und Abmeldung bei der Volkspolizei, sofern diese verlangt wurde. Besucher von außerhalb der DDR mussten zusätzlich das Datum des Grenzübertrittes eintragen lassen. Auf diese Weise hatten die Behörden und nicht zuletzt die Stasi jederzeit im Blick, wer sich gerade in welchem Haus aufhielt.

Haushaltstag

An diesem Tag hatten berufstätige Frauen mit Kindern frei. Pro Monat gab es einen Haushaltstag.

Hausvertrauensmann

Der Hausvertrauensmann war ein Mieter des Hauses. Er sollte zum Beispiel ganz praktische Fragen regeln, zum Beispiel Hausordnungspläne aufstellen. Außerdem führte er das Hausbuch.

Havarie

Mit diesem Begriff wurde nicht wie in der Bundesrepublik ein Schiffsunfall bezeichnet, sondern ein Stromausfall, Wasserrohrbruch oder Ähnliches. „Wegen Havarie geschlossen", informierte man in solchen Fällen.

Held der Arbeit

Ehrentitel für „besondere Verdienste um den Aufbau und den Sieg des Sozialismus", verliehen an Menschen, die zum Beispiel eine technische Erfindung oder eine wissenschaftliche Entdeckung gemacht haben.

Kader

Als „Kader" wurden Mitarbeiter bezeichnet. Außerdem war es die Kurzform für die Abteilung „Kader und Bildung", die Personalabteilung. Sie wählte den Kader aus, entwickelte ihn und entschied, wer wie eingesetzt wurde. Der Begriff stand auch für Führungskräfte in Partei, Wirtschaft oder Staat.

Klassenfeind

Die Vertreter der SED betrachteten die kapitalistischen Staaten und deren Regierungen als Klassenfeind. Auch wer anders dachte, redete und handelte als sie, konnte als Klassenfeind oder „Kapitalistenknecht" verunglimpft werden.

Kolja

Bürger der Sowjetunion oder sowjetischer Soldat

Kollektiv

Arbeitsgruppe bzw. Team

Zitat

„Die Wessis erkannten uns bei den ersten Besprechungen oft auch daran, dass wir vom Kollektiv oder der Brigade sprachen statt vom Team."
Peter Schurig

Kombinat

Eine Gruppe von Volkseigenen Betrieben (VEB), vergleichbar mit einem Konzern in der Bundesrepublik wie etwa Lufthansa

Kolchose

Abwertende Bezeichnung für eine Landwirtschaftliche Produktionsgenossenschaft (LPG). Die LPG ähnelte dem landwirtschaftlichen Großbetrieb in der Sowjetunion, dem Kolchos. Allerdings war bei den Kolchosen der Staat Eigentümer, bei den LPGs waren es offiziell die Bauern, die ihr Land in eine LPG einbrachten. Dessen Nutzung mussten sie aber der LPG überlassen.

Kommunale Wohnungsverwaltung

Die DDR-Behörde Kommunale Wohnungsverwaltung (KWV) war zuständig für Wohngebäude der Städte und Gemeinden: Sie betreute die Mieter, hielt Gebäude und Außenanlagen in Schuss, kümmerte sich um Reparaturen, die Müllentsorgung usw. Ironisch löste man die Abkürzung KWV so auf: „Kann weiter verfallen" oder „Kaputt, wüst, verrottet".

Komplexannahmestelle

Geschäft, das so gut wie alle im Haushalt nötigen Reparatur- und Reinigungsdienste anbot

Kosmonaut

So wurden Raumfahrer in den sozialistischen Staaten genannt. Der Begriff wurde Anfang der 60er-Jahre durch Juri Gagarin weltweit bekannt. Der Russe war der erste Mensch im All, der erste Deutsche im Weltraum war Sigmund Jähn aus der DDR.

Kundschafter des Friedens

Bezeichnung für die eigenen im Ausland tätigen Spione

Leiter

Mitarbeiter mit Personalverantwortung (Manager)

Die Olsenbande war in der DDR sehr populär.

Lipsi

Modetanz. Er wurde 1959 eingeführt und sollte den „westlichen" Rock 'n' Roll ersetzen.

„Mach mit! Schöner unsere Städte und Gemeinden"

Das Motto gemeinsamer Arbeitseinsätze zum Beispiel von Hausgemeinschaften. Gemeinsam säuberte man Straßen oder pflegte Vorgärten und öffentliche Anlagen.

Mächtig gewaltig

Ein großes Lob. Der Ausdruck stammt aus der in der DDR sehr beliebten dänischen Kriminalkomödie „Olsenbande". „Mächtig gewaltig" rief Bandenmitglied Benny, wenn er etwas sehr gut fand.

Mit sozialistischem Gruß

Mit dieser Formel endeten oft Briefe von Behörden, Parteiorganisationen und staatlichen Stellen sowie an diese gerichtete Schreiben.

ML

Abkürzung für die Lehren des Marxismus/Leninismus und das entsprechende Studienfach, das Bestandteil aller Studienrichtungen war

M-l WA

Abkürzung für „Marxistisch-leninistische Weltanschauung". Verwendeten SED-Mitglieder häufig in Heiratsanzeigen.

Mobilisierung von Reserven

Sprachfloskel der Partei. Damit behaupteten Funktionäre von Staat und Partei indirekt, Ursache für wirtschaftliche Schwierigkeiten sei die – angeblich oder tatsächlich – fehlende Motivation der Arbeiter. Meist war jedoch Mangelwirtschaft die Ursache für wirtschaftliche Probleme.

Neuerer

Jemand, der – etwa in einem Betrieb – herausfand, wie Kosten eingespart oder Methoden verbessert werden können. Heute heißt dieser Bereich Betriebliches Vorschlagswesen.

Nichtsozialistisches Wirtschaftsgebiet (NSW)

Damit waren meist die Länder mit einer kapitalistischen Wirtschaftsordnung gemeint.

Normbrecher

Wer mehr arbeitete, als der Plan vorsah, wurde als Normbrecher bezeichnet. Seine Kollegen gerieten durch ihn unter Druck: Sie mussten daraufhin mitunter für das gleiche Geld mehr arbeiten. Normbrecher waren deshalb unter Arbeitern unbeliebt. Von der Partei wurden sie dagegen hofiert. Besonders berühmt wurde der Bergmann Adolf Hennecke: Er arbeitete in einer Hochleistungsschicht fast vier Mal so viel, wie die Arbeitsnorm vorsah.

Der Normbrecher Adolf Hennecke

Partei der Arbeiterklasse

Als solche verstand sich die führende Partei der DDR, die SED.

Parteilich

Offiziell verhielt sich jemand parteilich, wenn er für den Sozialismus eintrat. In den Augen der SED konnte dies nur jemand sein, der ihre Positionen vertrat.

Plastebeutel

Kunststofftragetasche (auch: Plastetüte)

Poliklinik

Hier arbeiteten unter einem Dach Fachärzte verschiedener Fachrichtungen. Ambulant wurden die DDR-Bürger überwiegend in Polikliniken versorgt. Kleinere oder spezialisierte Einrichtungen nannte man Ambulatorien: Sie gab es teilweise auch in Betrieben.

Polylux

Tageslichtprojektor (Overheadprojektor). Ursprünglich der Name des einzigen in der DDR produzierten Tageslichtprojektors.

Radio Eriwan

Als Radio Eriwan, Sender Jerewan bzw. Radio Jerewan bezeichnet man eine spezielle Gruppe politischer Witze, die besonders in den sozialistischen Ländern, aber auch in Westdeutschland eine Zeit lang sehr bekannt waren.
Eriwan heißt die Hauptstadt Armeniens, das früher eine Sowjetrepublik der UdSSR war. In den Radio-Eriwan-Witzen stellen Bürger Fragen an den – fiktiven – Sender. Dessen Antworten sind oft widersprüchlich. Sie spielen darauf an, dass es im Sozialismus meist kaum möglich war, Missstände und die meist schöngefärbten offiziellen Nachrichten dazu in Einklang zu bringen.

Ratzefummel

Radiergummi

Lustiges

Anfrage an Radio Eriwan: Stimmt es, dass Iwan Iwanowitsch in der Lotterie ein rotes Auto gewonnen hat? Antwort: Im Prinzip ja. Aber es war nicht Iwan Iwanowitsch, sondern Pjotr Petrowitsch. Und es war kein Auto, sondern ein Fahrrad. Und er hat es nicht gewonnen, sondern es ist ihm gestohlen worden. Aber die Farbe war Rot.

Rotlichtbestrahlung

Spöttische Bezeichnung für politische Lehrgänge, bei denen die Teilnehmer im Sinne der SED beeinflusst wurden

Rübermachen

Umgangssprachlich für in die Bundesrepublik ausreisen: „Der ist rübergemacht" hieß so viel wie „Der ist in den Westen abgehauen".

Russenmagazin

Geschäft für Offiziere der Sowjetarmee, in dem aber auch DDR-Bürger einkaufen konnten

Schau

Sagten Jugendliche bis Anfang der 80er-Jahre für „schön" oder „toll".

Sichtelement

Plakat, Poster, Plakataufsteller, Werbetafel, Tafel für Losungen der SED wie etwa: „Alles zum Wohl des Volkes", „Wir sind die Sieger der Geschichte", „Wo ein Genosse ist, da ist die Partei – also die besseren Argumente", „Ohne Gott und Sonnenschein bringen wir die Ernte ein" oder Ähnliches

Spartakiade

Die Sportveranstaltung für Kinder und Jugendliche war nach Spartacus benannt, dem berühmten Sklaven und Gladiator der Antike. Zunächst wurde in Schulen gewetteifert, dann auf Kreis- und Bezirksebene und schließlich – im Endausscheid – DDR-weit. Der Staat nutzte den Wettbewerb, um Talente zu sichten und so Nachwuchssportler zu gewinnen – und um sich positiv darzustellen.

Stabü

Unter Schülern übliche Abkürzung für das Schulfach Staatsbürgerkunde (auch: Stabi)

Straße der Besten

Porträts von besonders fleißigen Arbeitern in Betrieben. Sie waren auf einer Wandtafel oder an der Wand eines Flurs aufgehängt und sollten die Arbeiter motivieren.

Subbotnik

Der in Sowjetrussland entstandene Begriff bezeichnet den auch in der DDR üblichen (nicht immer ganz) freiwilligen, unbezahlten Arbeitseinsatz zum Beispiel am Sonnabend. Wer sich nicht anschloss, musste damit rechnen, auf einen Telefonanschluss oder Ähnliches länger zu warten.

Die Spartakiade wurde zur Talentsuche genutzt.

T34 Sport

Ironisch-inoffizielle Bezeichnung des russischen Kleinwagens Saporoshez 968. Weil er so massig war, verglich man ihn scherzhaft mit dem russischen Panzer aus dem Zweiten Weltkrieg, dem T-34.

Towarischtsch

Mit diesem russischen Wort bezeichnete man die Sowjetunion, Sowjetbürger und sowjetische Soldaten. Im Russischen bedeutet es Genosse.

Tschekist

Offizielle Bezeichnung für Mitarbeiter der Stasi. Das Wort ist abgeleitet von dem Namen der berüchtigten sowjetrussischen Geheimpolizei – Tscheka.

Unionsfreund

Mitglied der DDR-Blockpartei CDU

Unsere Menschen

Damit meinten die Spitzen der Partei die DDR-Bürger.

Urst

Sagten Jugendliche entweder statt „sehr" oder wenn sie etwas toll fanden. „Urst!" hieß so viel wie „cool!", „urst cool" meinte „sehr cool".

Valuta

In der DDR war damit Westgeld gemeint.

VEB Gleichschritt

Ironische Bezeichnung für die Nationale Volksarmee (NVA), die Armee der DDR

VEB Horch und Guck

Ironisch für die Staatssicherheit

Völkerfreundschaft

So wurde offiziell das Verhältnis zu bestimmten Ländern, hauptsächlich des Ostblocks und der Dritten Welt, beschrieben.

Eine Mütze der NVA

Volkspolizei

Die Deutsche Volkspolizei (DVP), meist nur Volkspolizei (VP) genannt, war die Polizei der DDR. Zu ihr gehörten die Schutzpolizei im alltäglichen Streifendienst, Verkehrspolizei, Wasserschutzpolizei, Kriminalpolizei und die Transportpolizei, die für die Sicherung der Bahnhöfe und Anlagen der Deutschen Reichsbahn zuständig war. Außerdem unterstand ihr das gesamte Pass- und Meldewesen, was zum Beispiel für die Reiseerlaubnis in und aus der Bundesrepublik wichtig war. Die Angehörigen der VP trugen – im Gegensatz zu den westdeutschen Polizisten – militärische Dienstgradbezeichnungen wie Leutnant.

Wandlitz

Damit war in der DDR meist die etwa zwei Quadratkilometer große, abgeschirmte Waldsiedlung bei Wandlitz gemeint. Sie bestand aus einem von einer Mauer umgebenen inneren und einem davor liegenden äußeren Ring. Im inneren Ring wohnten in 23 Einfamilienhäusern mit jeweils 180 Quadratmetern Grundfläche ranghohe SED-Funktionäre, im äußeren war das Wach- und Dienstpersonal untergebracht. Auf dem Gelände des inneren Rings gab es unter anderem ein Schwimmbad, ein Klubhaus mit Kino und Gaststätte, eine Gärtnerei, eine Poliklinik, einen Pistolenschießstand und einen Sportplatz mit Tennisanlage. Außerdem konnte das DDR-Spitzenpersonal in einem Laden neben hochwertigen DDR-Erzeugnissen auch Westwaren wie Südfrüchte für DDR-Währung kaufen. Um alle Dinge des täglichen Lebens kümmerte sich ein Stab von über 60 Hausangestellten.

Wandzeitung

Eine Pinnwand in den Schulen und Betrieben. Der Wandzeitungsredakteur bzw. Wandzeitungsagitator hatte die Aufgabe, sie zu gestalten, etwa mit Losungen und Appellen zu einem gerade aktuellen Thema, zum Beispiel: „Ewige Freundschaft mit der ruhmreichen Sowjetunion" zum DDR-Jahrestag. Außerdem hingen hier aktuelle Termine aus und es wurden Leistungen von Schulklassen oder Brigaden präsentiert. Die Wandzeitung diente als Mittel, um im Sinne der Partei zu beeinflussen.

Weltniveau

Ein von der SED gern benutzter Begriff zur Selbstdarstellung, wenn Leistungen der DDR ein dem Westen vergleichbares Niveau hatten oder haben sollten

Wendehals

Person, die nach dem Zusammenbruch der DDR in kurzer Zeit ihren politischen Standpunkt grundlegend änderte und vom überzeugten Sozialisten zum überzeugten Demokraten wurde

Werkküche

Kantine

Arbeiter verfolgen auf einer Wandzeitung den Verlauf eines mehrtägigen Radrennens.

Zitat

„Bei jeder Fahrt von Westberlin nach Westdeutschland musste man in der DDR auf freier Strecke und ohne ersichtlichen Grund mit Tempobegrenzungen rechnen. Dann ging es in sehr kurzen Abständen runter von 100 auf 80, 60 und schließlich auf 40 km/h. Kurz danach wurde man dann von humorlosen Volkspolizisten in weißen Mänteln angehalten und um einige Westmark erleichtert. Denn der falschen Behauptung, man sei zu schnell gefahren, konnte man sich eh nicht widersetzen. Eine beliebte „Einnahmequelle" der VP war auch das Einfädelnlassen bei Autobahnauffahrten. Als Westler wechselt man ja einfach auf die linke Spur, wenn jemand auf die Autobahn auffahren will. Das ist doch selbstverständlich, in der DDR war es aber verboten. Wieder waren ein paar Mark fällig."

Peter Sendel

Westantenne

Zum Empfang westdeutscher Fernseh- und Radiosender geeignete Antenne. Da man sie an der Baugröße und Ausrichtung nach Westen erkennen konnte, bestand in den 50er-Jahren die Gefahr, dass FDJ-Brigaden sie entfernten. Verboten waren die Antennen allerdings nicht.

Winkelement

DDR-Fähnchen für Veranstaltungen und Demonstrationen, mit dem man winken konnte. Ironische Bezeichnungen waren Jubelfetzen und Euphoriefetzen.

Wurfscheibe

Frisbeescheibe, auch Schwebedeckel

Wurfspiel

Dart

Zellstofftaschentuch

Papiertaschentuch. Statt wie in der Bundesrepublik „Tempo" wurde es umgangssprachlich „Zellstoff" genannt.

Unterm Strich:
Jedes System hat seine eigene Sprache

Jede Sportart, jede Szene und jede Branche hat ihre eigene Sprache mit ihren ganz speziellen Begriffen und Redewendungen – so auch die DDR und das SED-System. Manchmal dienten diese Begriffe der Abgrenzung vom verhassten Westen („Klassenfeind" zum Beispiel). Andere beschönigten die harte Realität des SED-Überwachungsstaates (etwa: „Kundschafter des Friedens" für eigene Spione oder „antifaschistischer Schutzwall" für die Mauer).

13. Kapitel

Um zu flüchten, musste man erfinderisch sein.

Die DDR – Zwischen Mauer, Trabi und Club-Cola

Nur weg hier!

Nach außen, gegenüber anderen Staaten und auf internationaler Bühne, trat die DDR als weltoffener Staat auf: Jeder DDR-Bürger könne reisen, wann immer er wolle und wohin auch immer er wolle, ließen Staatsführung und Partei gerne verlauten. Die Realität sah jedoch ganz anders aus. Meist ohne allzu große Beschränkungen waren einzig Reisen in einige wenige sozialistisch-kommunistische Staaten möglich (siehe Kapitel 10 und 16), ansonsten durften DDR-Bürger den Staat nur mit Sondergenehmigung verlassen. Wer sich damit nicht abfinden mochte und die DDR für immer verlassen wollte, der hatte zwei Möglichkeiten: einen Ausreiseantrag stellen oder flüchten. Einem Ausreiseantrag wurde nur selten entsprochen. Und die Flucht direkt durch die Grenzanlagen war immer lebensgefährlich – offiziell war von „Republikflucht" die Rede.

Viele wollten raus

Wenn jemand aus der DDR fliehen wollte, konnte das viele Gründe haben. Nicht reisen zu können, wohin man wollte, war einer. Durch den Bau der Mauer auseinandergerissenen Familien ging es oft darum, wieder zusammenzuleben. Andere konnten und wollten sich nicht mit einem politischen System voller Kontrolle, Überwachung und Bevormundung abfinden. Schon wer sich in der Kirche engagierte, seine Meinung frei äußern oder sich nicht länger in der Armee verpflichten wollte, musste schließlich damit rechnen, keinen Ausbildungs- oder Studienplatz zu bekommen. Viele wollten ihr Leben einfach nach eigenen Vorstellungen gestalten und einer selbst gewählten Arbeit nachgehen. Oder sie strebten nach einem höheren Lebensstandard, als ihn die DDR bot. Das galt zum Beispiel für Fachkräfte, Ärzte und Ingenieure.

Zitat

„Warum ich unbedingt raus wollte aus der DDR? Ich war 19 und habe 1989 eigentlich nur noch Frust geschoben. Die ganzen Zustände haben mir nicht gefallen. In den Betrieben ging so gut wie nichts richtig vorwärts. Immer wurde bloß gemauschelt. Zum Beispiel wurden Leistungsdaten falsch abgerechnet. So wurde statt der wirklich erzielten, meist eher mäßigen Leistungen oft angegeben, dass über 150 Prozent des Plans erreicht wurden. Für mich gab es da keine Möglichkeit. Die hatten mir auch ein paar Steine in den Weg gelegt: Ich hatte mich nicht längerfristig für die Armee verpflichtet, deshalb durfte ich meinen Beruf nicht ausüben: Ich wollte Kfz-Schlosser werden, durfte aber nicht. Ich habe für mich keine Zukunft in der DDR gesehen. Und außerdem: Es gab keine Chance, mal die Alpen zu sehen oder nach Norwegen zu kommen. Der totale Horror, wenn man ganz jung ist und aktiv. Und man lebt ja nur einmal. Da sollte man doch die schönen Ecken auf der Welt gesehen haben, zumindest ein paar davon."

Sven Köberl

Für die DDR war jede Flucht mehr als ärgerlich

Etwa drei Millionen Menschen flohen von 1949 bis 1989 aus der DDR, das schadete dem Staat. Denn es setzten sich besonders die dringend benötigten Fachkräfte in den Westen ab. So konnte man in der DDR mit der wirtschaftlichen Entwicklung im Westen immer weniger Schritt halten. Ein weiterer Grund lag in einem Widerspruch. Die SED behauptete, der Sozialismus sei der Marktwirtschaft überlegen. Durch die Fluchten geriet sie nun in Erklärungsnot: Warum sollte jemand unter Lebensgefahr aus der besten aller Welten fliehen? Außerdem schadeten die Fluchten dem Bild des „Arbeiter- und Bauernstaates" im Ausland. Vor allem in der Bundesrepublik wurde meist ausführlich berichtet, wie und warum die Menschen flohen.

„Schon Anfang 1989 plante mein Vater mit meinem Bruder die zweite Flucht, obwohl er gerade erst aus der auf seinen ersten Fluchtversuch folgenden Untersuchungshaft gekommen war. Meine Mutter hatte wahnsinnige Angst um ihren Sohn, sie wollte die Flucht unterbinden. ‚Du wiegelst den Jungen auf, du willst nur erreichen, dass wir auf diese Weise alle rauskommen.' Wenn ein Jugendlicher aus der DDR geflohen war, wurden nämlich meist recht schnell darauf dessen Eltern und Geschwister ausgewiesen. Man könne doch nicht den Jungen dabei draufgehen lassen! Immerhin wurde zu dieser Zeit noch scharf geschossen an der DDR-Grenze. Meine kleine Schwester und ich, wir hatten Angst, dass sich unsere Eltern deswegen noch trennen. Aber mein Vater und mein Bruder setzten sich durch. Der zweite Fluchtversuch im Frühjahr über die ČSSR klappte dann auch. Zum Glück. Wir durften natürlich nichts nach draußen dringen lassen. Auch wenn meine Schwester und ich immer wieder ausgefragt wurden, von Lehrern oder auch von der vorgeblich besten Freundin meines Bruders. Da hieß es einfach nur ‚Mund halten'."

Mark Wernges

Gefährliche Fluchtwege vorbei an den Grenzposten

Auftrag der DDR-Grenztruppen war es, jede Republikflucht unbedingt zu verhindern, wenn nötig mit Gewalt. Gemäß Schießbefehl sollten die Grenzsoldaten einen Warnruf ausgeben („Halt, Grenzposten, stehen bleiben!"). Wurde dieser nicht befolgt, sollte ein Warnschuss abgegeben werden. Wurde auch dieser nicht befolgt, folgte der letzte Warnruf: „Halt! Grenzposten, stehen bleiben oder ich schieße!" Danach sollten die Grenzsoldaten auf die Beine der Flüchtlinge schießen, um sie aufzuhalten.
Lebensgefährlich war die Flucht auch, weil die innerdeutsche Grenze einige Jahre lang vermint und mit Selbstschussanlagen „gesichert" war. Um sich nicht in Lebensgefahr zu bringen, nutzten die meisten DDR-Flüchtlinge deshalb einen erlaubten Aufenthalt im Nichtsozialistischen Wirtschaftsgebiet (NSW) zur Flucht, also eine Reise in die Länder des Westens. Folglich erteilten die DDR-Behörden nur ausgewählten Menschen Reisegenehmigungen, solchen, die sie als staatstreu ansahen oder deren nächste Familienangehörige in der DDR lebten. Wer lässt schon seine Kinder in einem Land zurück, in dem er selbst nicht mehr leben will? Die Fluchten konnten dadurch aber nie ganz verhindert werden. Ziel der meisten war die Bundesrepublik.

Viele flüchteten allerdings zunächst in andere Staaten, von denen sie dann unbehelligt in die Bundesrepublik einreisen konnten, da für die Ausreise aus diesen Ländern nach Westdeutschland kein besonderes Visum nötig war. Diesen Weg wählten Ende der 80er-Jahre immer mehr DDR-Bürger: Sie flohen über die Botschaften der Bundesrepublik in Prag und Budapest (siehe Kapitel 17).

Spektakuläre Fluchten und Fluchtversuche

Wer nicht ausreisen durfte, wem kein Auslandsaufenthalt genehmigt wurde, dem blieb nur die Flucht über die deutsch-deutsche Grenze – ein lebensgefährliches Unterfangen. Im Laufe der Jahre immer undurchdringlicher geworden, gab es nur wenige Möglichkeiten, die innerdeutsche Grenze illegal zu überqueren: hinüberschwimmen, über die Mauer klettern, unter ihr hindurchkriechen oder man wagte sich in die Höhle des Löwen und überquerte die Grenzübergänge.

Hier einige spektakuläre Beispiele:

- Berühmt wurde der „Pankower Friedhofstunnel": 1961 versammelten sich hier die als „Trauergäste" getarnten Flüchtlinge vor einer Grabstätte. Auf ein Signal hin tauchten sie durch einen 60 Zentimeter breiten Stollen Richtung Westen ab.

- Ein Mann ließ sich 1962 von einer Freundin in der Bundesrepublik eine Sowjetuniform schicken. Er übte den sowjetischen Gruß, bis er ihn perfekt beherrschte. So marschierte er verkleidet als Sowjet-Soldat unbehelligt über die Grenze in den Westen.

- Zwölf Rentner im Alter zwischen 55 und 81 Jahren hoben im Norden Berlins einen Tunnel aus. Durch ihn flohen sie 1962 in den Westen.

- Zwölf Ostberliner versuchten 1963, die Grenze mit einem Bus zu durchstoßen. Sie gerieten in einen Kugelhagel, hielten an – und gaben auf. Vier von ihnen wurden schwer verletzt.

- Drei Freunde flüchteten 1963 in einem Lastwagen: Mit ihm rasten sie durch drei Stacheldrahtzäune der Grenzanlagen.

- In einer „Isetta", einem der kleinsten Autos überhaupt, versteckten sich 1964 nacheinander neun Flüchtlinge, wo normalerweise Heizanlage und Batterie untergebracht waren. Da sich kein Soldat an der Grenze einen versteckten Flüchtling in diesem Auto vorstellen konnte, wurde es nicht kontrolliert.

- Die größte Massenflucht von DDR-Bürgern in den Westen gelang 1964: Flüchtlinge gruben einen 145 Meter langen und 12 Meter tiefen Tunnel. Der Einstieg lag in einem Toilettenhaus in einem Hinterhof in Ostberlin, der Ausstieg im Keller einer ausgedienten Bäckerei in Westberlin. Nach einem halben Jahr Arbeit war der Tunnel fertig und 57 Menschen flohen.

Im September 1979 gelang zwei Ostfamilien die Flucht aus der DDR im Heißluftballon.

- 1968 baute sich ein Mann ein Mini-U-Boot, angetrieben wurde es von einem Fahrradhilfsmotor. Er hängte sich im Taucheranzug daran und ließ sich schnorchelnd durch die Ostsee bis nach Dänemark ziehen.

- Ein Versteck aus zwei Koffern bastelte 1970 ein Franzose für seine Freundin. Darin verbarg sie sich mehr als eine Stunde lang im Zug Richtung Westen.

- Ein holländischer Musiker versteckte 1977 seine Freundin in einer Lautsprecherbox, die an der Grenze nicht kontrolliert wurde.

- Eine sehr spektakuläre Flucht gelang 1979 einem Artisten: Er hangelte sich in den Westen – an einer Hochspannungsleitung mit einer Spannung von 11 000 Volt, das ist eine etwa 50-mal höhere Spannung als die aus der Steckdose. Im Westen angekommen, sprang er aus zwölf Metern Höhe. Dabei brach er sich beide Arme.

Zitat

„Wenn man Verwandtschaft im Osten hatte, war es ganz normal, dass man gefragt wurde, ob man ihnen nicht helfen kann, aus der DDR zu fliehen. Es gibt unter solchen Voraussetzungen nur Schwarz oder Weiß, ein bisschen Flucht geht nicht, man hat es einfach getan, weil man glaubte, dass man es zu tun hatte. Wenn man in den 60er-Jahren in Westberlin gelebt hat, dann kannte man über Ecken auch die professionellen Fluchthelfer, also die, die Geld dafür genommen haben. Es gab zum Beispiel Kurt „Hein" Wordel, einen legendären Autoumbauer. Der war in den 60ern sehr aktiv. Den habe ich 1976 angesprochen. Seine Freundin war eine Arbeitskollegin meiner Frau. Die ganze Sache sollte 50 000 D-Mark kosten. Eine Menge Geld. 25 000 im Voraus konnten meine Verwandten zahlen, die fliehen wollten. Für die anderen 25 000 bin ich aufgekommen. Da ich das Geld nicht hatte, nahm ich einen Kredit auf. Die Flucht hat Wordel dann nicht selbst gemacht. Er hatte seine Leute. Die haben im Ostteil der Stadt Kontakt zu meinen Verwandten aufgenommen und sie dann auf der Transitstrecke von Helmstedt aufgesammelt, also einer der Autobahnen, die Westdeutschland mit Westberlin verbanden. Meine Verwandten sind natürlich nicht auf einem öffentlichen Parkplatz zugestiegen, klar, sondern bei Kilometerstein soundso viel. Die Eltern und ein zwölfjähriges Kind wurden unterm Rücksitz und im Kofferraum versteckt. Der Wagen ist dann über „Drei Linden" nach Westberlin gekommen. Kurze Zeit später kam Herr Wordel und hat die 25 000 in einer Plastiktüte abgeholt. Das war es dann. Für uns bedeutete das aber, dass wir uns zwölf Jahre, bis 1988, nicht in der DDR blicken lassen durften, auch nicht auf der Transitstrecke. Die haben dort auf uns gewartet. Natürlich wussten die, dass wir da mit drinsteckten. Da hat sich auch mal jemand am Telefon gemeldet mit Oberbaurat Berger und mir erzählt, dass man Geschäfte machen könnte. Der hat sich aber nur einmal gemeldet, weil ich ihn einfach ausgelacht habe. Wir sind dann immer per Flugzeug nach Westdeutschland gereist. 1988 gab es eine Amnestie für Leute wie uns. Im Frühjahr sind wir dann erstmals durch die DDR nach Dänemark gefahren und, ganz ehrlich, ich hatte einen ziemlich heißen Hintern. Es gab ja keine Rechtssicherheit."

Klaus Vester

Selbst mit einem Mini-U-Boot gelang eine Flucht in den Westen.

- Ein anderer Mann versteckte sich im Bauch einer Plastikkuh, die 1979 als Ausstellungsstück in den Westen transportiert wurde.

- Zwei Familien flohen 1979 in einem Heißluftballon in den Westen.

- Ebenfalls 1979 schmuggelte ein 23-jähriger Mann seine 17-jährige Freundin in einer Kabeltrommel in den Westen.

- Eine Frau versteckte 1987 ihren vierjährigen Sohn in einem großen Einkaufsroller, mit dem sie für einen kurzen genehmigten Aufenthalt in den Westen reiste.

- Ebenfalls 1987 versteckte sich eine Frau im Inneren von zwei aufeinandergelegten, hohlen Surfbrettern. Ihr Freund schnallte sie in dieser „Verpackung" auf den Gepäckträger seines Autos und fuhr sie sicher über die Grenze.

Wurde man bei einem Fluchtversuch erwischt, bedeutete dies – wenn man Glück hatte – eine Gefängnisstrafe von bis zu acht Jahren. Wenn nicht, wurde man schwer verletzt oder sogar getötet. Wer Hilfe zur Flucht leistete, dem drohte sogar lebenslänglich. Insgesamt standen etwa 75 000 Menschen wegen „Republikflucht" vor DDR-Gerichten.

Flucht durch einen Tunnel

Zitat

„Mein Bruder ist im Frühjahr 1988 abgehauen. Da war er 16. Er hatte versucht, über Prag zu fliehen, war aber schon an der Grenze zur Tschechoslowakei gefasst worden. Ein paar Tage wussten wir gar nicht, wo er ist, wie es ihm geht. Dann stand mitten in der Nacht die Stasi vor der Tür. Mein Vater hatte das natürlich geahnt und in seinem Zimmer die Deutschlandfahne abgenommen und einige Bravo-Poster. Es war Hektik im Haus. Bis zum Spätsommer wussten wir nicht, wo er inhaftiert ist. Erst dann sagten sie uns, er sei in Untersuchungshaft in Magdeburg. Danach kam er bald frei. Er hat nie über seine Haft gesprochen. Wir wissen jetzt nur, dass er zwischen Gewaltverbrechern und Vergewaltigungstätern saß. Später schlief er nur bei hellem Licht mit T-Shirts über dem Kopf. Er kam auch in psychologische Behandlung."

Mark Wernges

Ein einträgliches Geschäft: der Häftlingsfreikauf

Um die gescheiterten Flüchtlinge und andere politische Gefangene entwickelte sich ein reges „Geschäft": Die Bundesrepublik kaufte sie frei. Als „Lösegeld" erhielt die DDR Geld oder Waren.

Die ersten Häftlinge wurden Weihnachten 1962 freigekauft – im Tausch gegen drei Eisenbahnwaggons voll mit Kalidüngemittel, das dringend in der DDR-Landwirtschaft benötigt wurde.

Insgesamt kamen über den Häftlingsfreikauf bis 1989 über 33 000 Häftlinge in den Westen. Ein Häftling „kostete" anfangs rund 40 000 DM, später knapp 100 000 DM.

Die DDR verteufelte die gescheiterten Flüchtlinge und die anderen politischen Häftlinge in der Öffentlichkeit – und verdiente im Stillen gut an ihnen. Die Behörden begründeten dieses Geschäft mit dem angeblichen Schaden, den jeder Häftling in der DDR angerichtet hätte. Außerdem müssten die Kosten für dessen Ausbildung oder Studium ersetzt werden. Schließlich werde das Gelernte im Westen angewendet. Bezahlen ließ sich die DDR in der dringend benötigten D-Mark, die sie wiederum für den Einkauf von Waren auf dem Weltmarkt nutzen konnte.

Unterm Strich: Freiheit hatte einen hohen Preis

Wer nach dem Mauerbau nicht in der DDR leben wollte, dem blieb oft nur die lebensgefährliche Flucht. Etwas mehr als 5000 Menschen gelang sie. Viele andere scheiterten aus ganz unterschiedlichen Gründen. Oft wurden sie verraten: von Bekannten, Freunden, Verwandten. Die DDR-Machtha-

ber ließen die Bürger im Extremfall sogar bei einem Fluchtversuch erschießen. Sie hatten außerdem keine Skrupel, sich den Wunsch nach Freiheit, immerhin ein grundlegendes Menschenrecht, durch den Häftlingsfreikauf versilbern zu lassen.

14. Kapitel

Der Liedermacher Wolf Biermann

Kleine Fluchten: Kultur und Kirche

Wie konnte man sich in der DDR gegenüber Staat und SED abgrenzen? Schließlich war es nur für die wenigsten Menschen möglich und denkbar, über die Grenze zu flüchten. Kleine Fluchten boten Musik, Literatur und Theater. Sie spielten im Leben vieler DDR-Bürger eine große Rolle. Das Fernsehprogramm war dagegen absolut linientreu.

Und wer sich für Ideen interessierte oder einsetzen wollte, die der Parteilinie widersprachen, dem boten vor allem die Kirchen einen Raum zum Gedankenaustausch und zunehmend auch für das Engagement gegen den Staat.

Propaganda schon für Kleinkinder: Presse und Fernsehen

Zeitschriften und Zeitungen hatten in der DDR vor allem einen Zweck: die Staatsideologie des Sozialismus zu verbreiten. Was für andere Werte und Ideen stand, durfte nicht gedruckt oder gesendet werden. Es ging nicht darum, zu informieren, sondern darum, zu beeinflussen. Einige Beispiele aus Presse und Fernsehen zeigen, wie selbst unterhaltsame Kinderprogramme oder spannende Krimis dazu benutzt wurden.

„FRÖSI"

„FRÖSI" war die Zeitschrift für die Thälmannpioniere (siehe Kapitel 9). Ihr Name leitete sich ab von der Anfangszeile des Pionierlieds „Fröhlich sein und singen". Sie enthielt Beiträge aus Natur, Wissenschaft und Technik, aber auch gezielte Propaganda wie einen Comic mit dem Titel „Wir bauen einen Panzer". In ihm wurde erklärt, wie ein Panzer funktioniert und aufgebaut ist.

„Neues Deutschland"

Die Tageszeitung „Neues Deutschland" (ND) präsentiert sich auch heute noch als „sozialistische Tageszeitung". In den Anfangsjahren der DDR war ihr Name Programm: Viele Menschen wollten damals ein antifaschistisches, sozialistisches, eben neues Deutschland aufbauen. Zu DDR-Zeiten war das Blatt eines der wichtigsten Werkzeuge der SED, um die Menschen zu beeinflussen. In der Ausgabe vom März 1987 druckte es zur Eröffnung der Leipziger Messe sage und schreibe 41 Fotos von Erich Honecker, dem damaligen Staatsoberhaupt der DDR.

Tageszeitung Neues Deutschland

Nur raus aus dem „Tal der Ahnungslosen"

Mehr noch als die Presse war das Fernsehen darauf ausgelegt, die Menschen im Sinne des Staates zu lenken.

„Der Schwarze Kanal"

Lehrer, Journalisten und Offiziere der Nationalen Volksarmee durften – offiziell – keine westlichen Nachrichten sehen, schließlich sollten sie einzig im Sinne der SED-Politik berichten und lehren. Die Sendung „Der Schwarze Kanal" präsentierte ihnen Ausschnitte westlicher Nachrichten zusammen mit einer SED-treuen Erklärung, um sie für eventuelle kritische Fragen zu Entwicklungen im Westen zu wappnen. Im „Schwarzen Kanal" wurde der Spieß umgedreht: Man behauptete, Nachrichten aus dem Westen seien Propaganda des Klassenfeindes.

Die Alternative: Westfernsehen

Um sich neutraler und umfassender zu informieren, sahen viele DDR-Bürger „Westfernsehen". Damit gemeint waren alle westeuropäischen Sender, die in der DDR zu empfangen waren. Vor allem ARD und ZDF gab es fast überall, nicht jedoch im östlichen Sachsen und im östlichen Mecklenburg-Vorpommern. Da die Anwohner hier auf das DDR-Fernsehen angewiesen waren, nannte man diese Gegenden spöttisch „Tal der Ahnungslosen".

Zitat

„Natürlich haben wir Westfernsehen gesehen und auch in der Schule darüber gesprochen. Das war in den 80er-Jahren. Aufgefallen ist mir immer, dass die Leute im Westfernsehen anders angezogen waren – so wie meine Tante, wenn sie aus dem Westen zu Besuch kam. Und andere Zigaretten haben sie geraucht."

Mareike Schnellenkamp

„Aktuelle Kamera"

Die „Aktuelle Kamera" war die tägliche Nachrichtensendung des DDR-Fernsehens. Das Gegenstück zu „Tagesschau" und „heute"-Sendung wurde wie alle DDR-Medien von der SED kontrolliert. Sie berichtete langatmig über Tagungen des Zentralkomitees, SED-Parteitage, Staatsbesuche, Besuche von Funktionären in Betrieben oder über Verbesserungen der Produktion in Industrie und Landwirtschaft sowie beim staatlichen Wohnungsbauprogramm. Bei den sogenannten Verbesserungen handelte es sich allerdings oftmals um große Übertreibungen oder gar Verzerrungen der eigentlichen Situation. Auch wenn über das Ausland berichtet wurde, ging es einseitig um Erfolge der sozialistischen Bruderstaaten oder um vorgeblich riesige gesellschaftliche Probleme im Westen wie Armut, Drogen oder die Szene der Neonazis.

„Polizeiruf 110"

Er wurde am 27. Juni 1971 als Gegenstück zum westdeutschen „Tatort" zum ersten Mal gesendet. Der „Polizeiruf" war zwar eine der wenigen Sendungen des DDR-Fernsehens, in denen einige Probleme aus dem DDR-Alltag offen angesprochen werden durften. Die Polizisten waren allerdings linientreue Vorbilder, die weder rauchten noch tranken. Nur Ende der 80er-Jahre gab es einige Ausnahmen. Kritische Bürger, kleine Unternehmer oder Intellektuelle mussten oft als Kriminelle herhalten, ihre gesetzestreuen Gegenspieler waren häufig fleißige und staatstreue Werktätige.

Die Reihe entwickelte sich schnell zum Publikumsliebling. Heute wird sie angepasst auf die Situation im vereinten Deutschland von der ARD produziert.

Information

„Tatort"

Die Fernsehreihe ist eine der populärsten Deutschlands. Die erste Folge „Taxi nach Leipzig" spielte sogar teilweise in der DDR und wurde am 29. November 1970 in der ARD ausgestrahlt.

Bundesrepublik

Die Musik: von der Coverversion zum Original mit Niveau

Wer sich dem tristen Alltag und der staatlichen Beeinflussung und Berieselung entziehen wollte, konnte sich auch in die Welt der Musik flüchten. Zu Beginn der 60er-Jahre wurden in der DDR viele Schallplatten mit westlicher Beatmusik produziert, wie sie unter anderem die Beatles in dieser Zeit populär machten. Mancher Musiker hätte gern englischsprachige Musik gespielt, aber das lehnten die DDR-Behörden ab. Schließlich war Englisch die Sprache des großen Klassenfeindes USA. Die Musiker wichen auf Instrumentalmusik aus. Bekannte Gruppen waren damals die Sputniks, die Butlers und das Diana Show Quartett.

Die Toleranz gegenüber der Beatmusik fand

im September 1965 ein abruptes Ende: Im Anschluss an ein Konzert der Rolling Stones in der Westberliner Waldbühne kam es zu Krawallen. Konzertbesucher waren von der Kürze des Konzerts enttäuscht. Sie demolierten die Sitzbänke und lieferten sich Schlägereien mit der Polizei. Dies nahm die SED-Führung zum Anlass und verbot gleich die ganze Beatbewegung. Man wollte ähnliche Vorfälle in der DDR von vornherein ausschließen. Alle Beatkonzerte wurden abgesagt und 54 Bands verboten. Staatsoberhaupt Walter Ulbricht kritisierte:

Zitat

„Ich denke, Genossen, mit der Monotonie des Je-Je-Je, und wie das alles heißt, ja ..., sollte man doch Schluss machen ... Ist es denn wirklich so, dass wir jeden Dreck, der vom Westen kommt, kopieren müssen?"

Walter Ulbricht

Rockmusik aus der DDR: deutsch und legendär

In den 70er-Jahren wurde die Rockmusik in der DDR immer populärer und die ersten Gruppen gingen im Westen auf Tournee. Zwar soll die DDR-Band Puhdys ihre Stücke stark an Uriah Heep angelehnt haben und das Streichorchester in dem Song „Scherbenglas" der Gruppe Lift soll vom Beatles-Song „Eleanor Rigby" inspiriert worden sein, doch schnell gingen die Rockmusiker eigene Wege und eine vielfältige deutschsprachige Rockmusik entstand.

Da nur Profimusiker eine Auftrittserlaubnis bekamen, hatten die Bands ein hohes musikalisches Niveau.
Während des Musikfestivals „Rock für den Frieden" (1983 bis 1987) wurden im Berliner Palast der Republik viele heute legendäre Songs zum ersten Mal aufgeführt. Dazu zählen „Der blaue Planet" von Karat, „Das Buch" von den Puhdys oder „Superfrau" von Petra Zieger.

In der am 25. November 2005 vom ZDF ausgestrahlten Sendung „Unsere Besten – Jahrhundert-Hits" landeten fünf DDR-Titel unter den Top 20:

- 2. „Über sieben Brücken musst Du gehn" (Karat)
- 6. „Alt wie ein Baum" (Puhdys)
- 13. „Am Fenster" (City)
- 15. „Als ich fortging" (Karussell)
- 16. „Jugendliebe" (Ute Freudenberg & Gruppe Elefant)

Karat gehörte zu den erfolgreichsten Rockgruppen in der DDR.

Zensur und immer wieder Schikane

Alle künstlerischen Arbeiten und Produktionen, ob Song, Theaterstück oder Roman, unterlagen der Zensur: Liedtexte waren den Behörden zur Genehmigung vorzulegen und Shows mussten im Voraus aufgeführt und abgenommen werden. Auftritte wurden stets von der Stasi beobachtet.

Selbst der Liedermacher und überzeugte Sozialist Wolf Biermann durfte zeitweise nicht auftreten. Er hatte gesellschaftskritische Texte, die auch die DDR betrafen, in einem Kabarett in Westdeutschland aufgeführt bzw. in westdeutschen Verlagen veröffentlicht. 1976 gestattete man Biermann schließlich eine Tournee in den Westen. Währenddessen wurde er ausgebürgert. Für ihn gab es kein Zurück mehr in die DDR. Zahlreiche Künstler protestierten dagegen und wurden – teilweise nach Gefängnisaufenthalten – zur Ausreise gezwungen. Dazu zählen Manfred Krug und Nina Hagen. Andere Künstler gingen freiwillig.

Westliche Produktionen wurden ebenfalls zensiert. So durfte der an sich harmlose Song „Es war einmal ein Luftballon" von Udo Jürgens wegen der Textzeile „Sie kennen keine Grenzen, die Luftballons der Welt" in der DDR nicht aufgeführt oder gesendet werden.

Wolf Biermann war dem Regime zu kritisch und wurde deshalb kurzerhand ausgebürgert.

Kritischer Sozialismus: Literatur und Theater

In Literatur und Theater waren zwar oft überzeugte Sozialisten aktiv, aber die hatten meist ihre eigenen Vorstellungen davon, wie die Idee des Sozialismus am besten umzusetzen ist.

In den Gründerjahren der DDR, also vor allem in den 50er-Jahren, ging es noch in erster Linie um den sogenannten Sozialistischen Realismus. Diese Kunststilrichtung aus Realismus und Romantik war 1932 in der Sowjetunion als Richtlinie für alle künstlerischen Äußerungen vorgegeben worden. Der Realismus stand für die wirklichkeitsnahe Darstellung zum Beispiel in Romanen. Die Romantik sollte eine positive Grundstimmung und positive Gefühle ins Spiel bringen, wie man sie nach sowjetischer und damit auch DDR-Denkart nun einmal im realen Sozialismus erleben könne. Heraus-

gekommen sind dabei sehr oft langweilige, triviale Werke zum Beispiel über die Erziehung zur sozialistischen Persönlichkeit oder sogenannte Produktionsromane etwa darüber, wie man Bodenschätze gewinnt. Die Literaturszene der DDR hatte aber auch herausragende Vertreter, unter ihnen Wolf Biermann, Bertolt Brecht (auch Bert Brecht), Günther de Bruyn, Heiner Müller, Anna Seghers, Christa Wolf und Arnold Zweig. Brecht spielte eine besondere Rolle: Er gilt vielen als einflussreichster deutscher Dramatiker und Lyriker des 20. Jahrhunderts. Zu seinen Werken gehören zum Beispiel die „Dreigroschenoper" (Libretto), „Mutter Courage und ihre Kinder" oder „Der kaukasische Kreidekreis". Im Ostberliner Theater Berliner Ensemble schuf er wegweisende Theaterproduktionen seiner eigenen Stücke, die

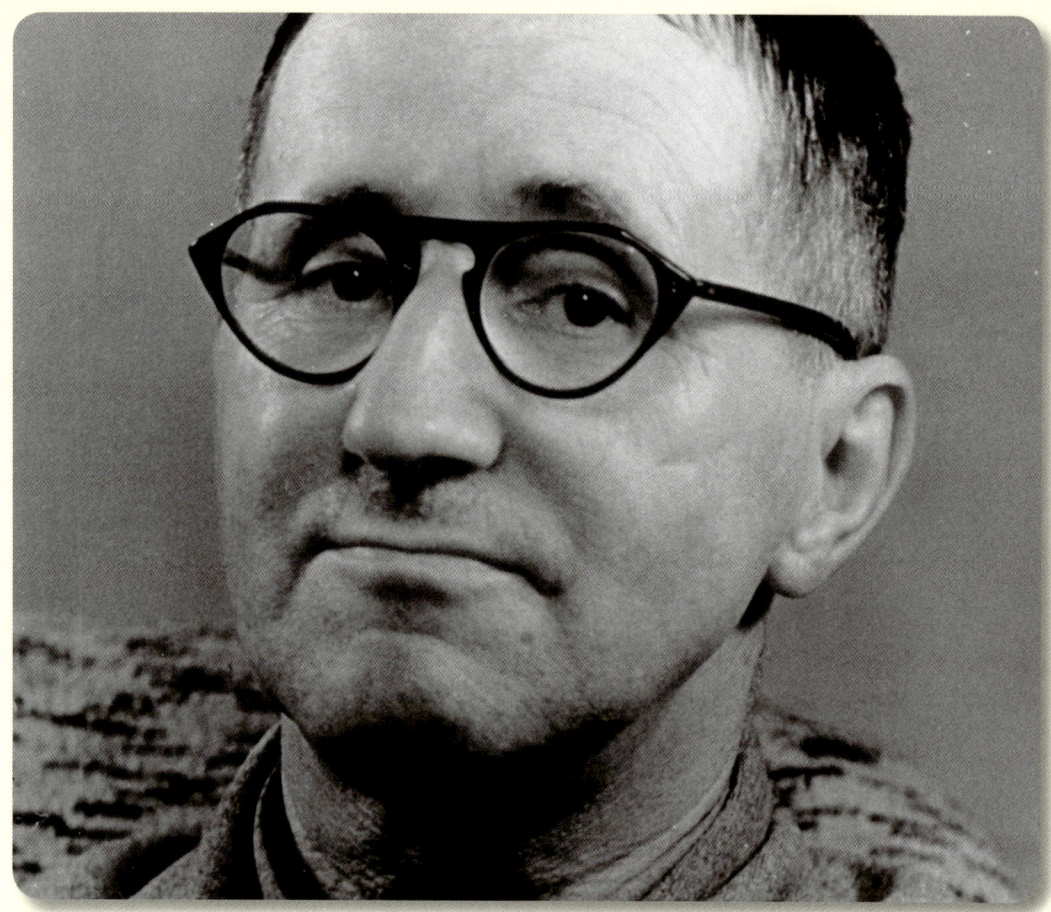

Einer der wichtigsten Dichter und Denker der DDR – Bertolt Brecht

teilweise Weltruhm erlangten. Brecht und viele andere Regisseure brachten kritische Ideen auf die Bühne, was natürlich von der Partei stets als Angriff verstanden wurde. Auf diese Weise boten sie den DDR-Bürgern immer wieder die Möglichkeit, sich über Ideen auszutauschen, die von der Parteilinie abwichen.

Zitat

„Das Theater war auch ein Zufluchtsort für nicht so ganz linientreue Akademiker und Intellektuelle. So habe ich es manchmal empfunden. Es war auch zensiert, klar. Aber die Theaterleute haben das System teilweise schon kritisch betrachtet. Gespielt wurde in Berlin einmal – als Theaterstück – „Die Richtstatt" von Tschingis Aitmatow. Das war sehr gesellschaftskritisch. Als ich aus der Aufführung herausging, habe ich mich ein bisschen glücklich gefühlt. Es war sehr, sehr schön zu sehen, dass auch eine etwas tiefer gehende Kritik möglich war."

Wolfgang Marin

Kann man im „Sozialismus" überwintern?

Der einzige starke Gegner von Staat und Partei war von Anfang an die Kirche, vor allem die evangelische. Sie bot Gläubigen und Andersdenkenden einen Zufluchtsort. Das Verhältnis zwischen den DDR-Machthabern und den Kirchen war voller Spannungen. Nach dem Marxismus-Leninismus, der offiziellen Weltanschauung in der DDR, war Religion in einem kommunistischen Staat überflüssig, für die sowjetischen Vordenker war sie „Opium fürs Volk", das vom Klassenkampf abhalte. Kirche und Staat waren damit Gegner. In den 50er- und frühen 60er-Jahren gingen die Kirchenoberen noch davon aus, dass die sozialistische DDR nicht lange bestehen würde. Man hoffte darauf, im Sozialismus „überwintern" zu können und sich nicht weiter auf den verhassten SED-Staat einlassen zu müssen. Doch es zeigte sich, dass die DDR sehr wohl Bestand hatte – nicht zuletzt dank ihres starken sowjetischen Verbündeten.

Zitat

„Der Kontakt zur evangelischen Kirche in Westdeutschland war immer sehr eng. Es gab ein solidarisches Verhältnis zwischen den Ost- und Westkirchen, jede Kirchgemeinde im Osten hatte eine Partnergemeinde im Westen. Es gab, wo nötig, materielle Unterstützung, zum Beispiel Sachspenden für kirchliche Mitarbeiter."

Elisabeth Lange

„Kirche im Sozialismus" – geht das?

In den 70er-Jahren reagierten die Kirchenoberen des evangelischen Kirchenbundes und veränderten ihre Strategie. Sie prägten die Formel von der „Kirche im Sozialismus". Bischof Albrecht Schönherr erläuterte damals: „Wir wollen Kirche nicht neben, nicht gegen, sondern im Sozialismus sein." Damit erkannte die evangelische Kirche den Sozialismus nicht an, vielmehr wollte sie versuchen, sich möglichst viele Freiräume zu schaffen, indem sie sich scheinbar auf die offizielle Weltanschauung einließ.

Diese neue Strategie führte zu einigen Verbesserungen: So ließ man der Kirche Raum für die Sozialarbeit. Diese Arbeit schätzte die Staatsführung sogar, da die DDR zum Beispiel nur sehr wenig im Bereich der Behindertenarbeit anbot.

Zitat

„Als Pastorentochter war ich weder bei den Pionieren noch in der FDJ. Damit war eigentlich klar: Ich darf auf keinen Fall auf die Erweiterte Oberschule."

Elisabeth Lange

Gegängelt und benachteiligt

Kirche und Staat wurden in der DDR strikt getrennt: Religionsunterricht war abgeschafft und eine Kirchensteuer wurde nicht eingezogen. Häufig wurde Religion in den Schulen ins Lächerliche gezogen und Lehrer machten christliche Kinder zu Außenseitern. Der Staat versuchte besonders in den 50er- und 60er-Jahren die Kirche immer weiter zurückzudrängen und vor allem junge Menschen ihrem Einfluss zu entziehen. So mussten zum Beispiel 1953 viele junge Christen die Oberschulen verlassen. Auch später wurde Jugendlichen damit gedroht, weder die Erweiterte Oberschule besuchen

noch studieren zu dürfen, wenn sie den Kontakt zur Kirche nicht aufgaben. Der Konfirmation und der Firmung wurde die Jugendweihe (siehe Kapitel 9) entgegengesetzt. Viele evangelische Jugendliche gingen zur Jugendweihe und zur Konfirmation. Oft gerieten christliche Kinder und Jugendliche in einen Gewissenskonflikt, wenn sie zum Beispiel nicht am Wehrunterricht teilnehmen wollten. Als Christen lehnten sie und ihre Eltern die Militarisierung der DDR-Gesellschaft ab, die durch den Wehrunterricht schon in der Schule begann. Weltweit Aufsehen erregte der evangelische

Oskar Brüsewitz ging mit seinem Protest bis zum Äußersten – er verbrannte sich öffentlich.

Pfarrer Oskar Brüsewitz: Am 18. August 1976 verbrannte er sich öffentlich. Damit protestierte er gegen die Unterdrückung der Kirche in der DDR und den fehlenden Widerstand seiner Kirche dagegen. Einige Karrieren im Staatsdienst oder in leitenden Funktionen waren für Mitglieder einer Kirche kaum möglich. In der Kirche aktive Menschen und kirchliche Mitarbeiter wur-

den häufig von der Stasi überwacht (siehe Kapitel 8) und zum Teil unter Druck gesetzt. So war es sogar üblich, besonders kritische Geistliche zu verleumden, also zum Beispiel zu behaupten, sie arbeiteten gegen die Kirche oder einzelne Kirchenmitglieder. Die Stasi scheute auch nicht davor zurück, in den Kirchen Informelle Mitarbeiter anzuwerben. Die Kirchen wussten sich aber dagegen zu wehren. So riet Heinrich Rathke, Landesbischof von Mecklenburg, bei einem Anwerbungsversuch sofort anzukündigen, dass man ihm persönlich davon berichten werde. Manchmal erschien der Bischoff sogar bei solchen Anwerbetreffen, sofern

ihm der Beworbene davon erzählt hatte. Das schreckte die Stasi ab, schließlich wusste sie dann sofort, dass an eine Geheimhaltung nicht mehr zu denken war.

Information

Die Kirche im Westen

In der Verfassung ist ebenfalls eine Trennung von Kirche und Staat verankert. Trotzdem unterstützt der Staat die Kirchen, etwa durch das Einziehen der Kirchensteuer. Dadurch haben die Kirchen weniger Verwaltungsaufwand. Christlicher Religionsunterricht war außerdem bis in die 90er-Jahre noch weitgehend üblich in den Schulen.

Bundes-republik

Ein Dach für Andersdenkende

Vor allem in den 80er-Jahren bot die Kirche ganz unterschiedlichen Gruppen einen Freiraum, den es sonst in der DDR nicht gab. Unter ihrem Dach entstanden Arbeitskreise für Frieden und Ökologie sowie Frauen- und

Bürgerrechtsgruppen. Sie alle setzten sich für eine Demokratisierung der Gesellschaft ein. Auch Punks stießen zu den Kirchengemeinden. Allein hier wurden ihnen Räume für ihre Konzerte gegeben.

Folgen bis heute spürbar

Doch die Unterdrückung der kirchlichen Arbeit durch den SED-Staat wirkte: Die Mitgliederzahlen der evangelischen Kirche fielen ins Bodenlose und auch der Anteil der Katholiken sank von zehn auf fünf Prozent. Dennoch konnte die DDR-Kirchenpolitik

nicht verhindern, dass die Kirchen ihren starken Einfluss behielten. Besonders unter dem Dach der evangelischen Kirche setzten sich viele für den Fall der Mauer und das Ende der DDR ein, teilweise ohne religiös zu sein.

Unterm Strich: Vor allem die Kirche bot Zuflucht

Wer sich in der DDR einen Freiraum gegenüber der staatlichen Einflussnahme schaffen wollte, dem boten Musik, Literatur und Theater Ablenkung und Zugang zu anderen Ideen. Die evangelische Kirche war bis zum

Ende der mächtigste Gegner der herrschenden Weltanschauung. Deshalb wurden ihre Mitglieder bekämpft und benachteiligt. Ohne sie hätte es keinen Schutz für Andersdenkende gegeben.

15. Kapitel

Umweltverschmutzung in der DDR

Die DDR – Zwischen Mauer, Trabi und Club-Cola

Jugendliche protestieren:
Soll das alles sein?

Schon zu Beginn der DDR protestierten Jugendliche gegen den Staat. Sie lehnten sich dagegen auf, von Schule, FDJ und Partei eingeschränkt zu werden. Sie wollten mehr Freiheit und mehr Möglichkeiten, mehr Rechte und mehr Selbstbestimmung – so wie fast jeder Jugendliche auf der Welt. Was in der DDR möglich war, konnte doch nicht alles sein, was ihnen das Leben zu bieten hatte. Aber das DDR-Regime reagierte extrem gereizt gegen jedes Aufbegehren und griff teilweise mit einer unglaublichen Härte durch.

130 Jahre Zuchthaus für 19 Jugendliche

1950 rebellierten 19 Jugendliche in Sachsen: Sie wollten bei der Volkskammerwahl, also bei der Wahl des DDR-Parlaments, zwischen verschiedenen Parteien wählen können. Also druckten und verteilten sie Flugblätter, in denen sie zum Widerstand gegen die SED-Diktatur aufriefen.

Das ließ sich der junge DDR-Staat nicht gefallen: Die 19 Schüler wurden verhaftet und am 4. Oktober 1951 vom Landgericht Zwickau wegen „Boykotthetze gegen demokratische Einrichtungen und Organisationen" zu langen Haftstrafen verurteilt: Insgesamt sollten die Jugendlichen 130 Jahre ins Gefängnis, die Höchststrafe für einen lautete 15 Jahre Zuchthaus.

Eltern und Verwandte durften dem Prozess nicht beiwohnen. Einige Eltern wurden bei diesem „Werdauer Oberschülerprozess" sogar aus dem Gerichtsgebäude geprügelt, um zu verhindern, dass sie sich für ihre Kinder einsetzten und das skandalöse Verfahren durch eigene Berichte in die Öffentlichkeit brachten.

Eine Jugend-Demo für Musik

Anfang der 60er-Jahre ließ das DDR-Regime den Musikern ungewöhnliche Freiheiten: Beim Deutschlandtreffen der FDJ durften sogar Beatgruppen wie das Diana Show Quartett (siehe Kapitel 14) auftreten. Die Gruppe war bekannt für wilde Darbietungen und Coverversionen von Songs der Rolling Stones und der Animals.

In den Jugendklubhäusern der FDJ wurden in dieser Zeit viele Bands gegründet. Doch die neue Freiheit fand schon im Oktober 1965 ein jähes Ende. Auslöser war das Verbot der Beatmusik, nachdem es im Westen Berlins zu Krawallen nach einem Konzert der Rolling Stones gekommen war (siehe Kapitel 14). Fortan durfte Beatmusik nicht mehr gesendet werden und den Beatgruppen wurde die Auftrittserlaubnis entzogen. Mehr noch: Die Bands durften keine englischen Namen mehr tragen und mussten sich Combos nennen. Zentrum der Beatbewegung war Leipzig. Dort tauchten schon bald Flugblätter auf, die zum Protestmarsch gegen das Beat-Verbot aufriefen. In den Schulen warnten die Rektoren eindringlich: Die Schüler sollten nicht daran teilnehmen. Die Ironie dabei: Gerade dadurch wurde die Demo in der ganzen Stadt bekannt. So trafen sich am 31. Oktober 1965 einige Tausend junge Leute in der Leipziger Innenstadt, die meisten waren Schüler und Lehrlinge. Die Volkspolizei ging hart gegen sie vor – mit Hunden, Wasserwerfern und Schlagstöcken. 279 Jugendliche wurden festgenommen, 144 angeklagt. Viele mussten als Strafe einige Wochen im Braunkohletagebau extrem hart arbeiten. Und in den staatlichen Medien begann eine gezielte Kampagne gegen Langhaarige, Beat-Fans, junge Christen und politisch Andersdenkende.

Gegen Rüstungswahn und Umweltverschmutzung: Aufbegehren in den 80ern

Immer wieder protestierten Menschen gegen das System der DDR, Erwachsene und Jugendliche. Doch erst Anfang der 80er-Jahre wuchs die Anzahl der Gegner (siehe Kapitel 17). Immer mehr DDR-Bürger, darunter viele junge Menschen, wandten sich gegen das Wettrüsten.

Hochgerüstete sozialistische Staaten würden den Frieden verteidigen, lautete die offizielle Erklärung. Die Menschen konnten – und wollten – das nicht länger glauben.

Wie im Westen wehrten sich immer mehr dagegen, dass Atomwaffen aufgestellt wurden. In verschiedenen Orten der DDR kamen sogenannte Friedensgruppen zusammen, vor allem in Kirchen (siehe Kapitel 14). Ihnen gehörten meist junge Menschen an. Die politisch aktivste war die Jenaer Friedensgemeinschaft: 1982 und 1983 gingen die jugendlichen Mitglieder mit ihren Ideen in die Öffentlichkeit: Sie protestierten zum Beispiel gegen Militärparaden. Man verhaftete sie und schob einige in den Westen ab. Die staatskritischen Jugendlichen erkannten sich untereinander an dem Schwerter-zu-Pflugscharen-Zeichen, das sie zum Beispiel an ihren Jacken trugen. Dieses Zitat aus der Bibel drückte den Wunsch nach Abrüstung und Völkerfrieden aus.

Staatskritische Jugendliche mit Schwerter-zu-Pflugscharen-Zeichen

Die Umwelt-Bibliothek Berlin

Wie im Westen sorgten sich auch im Osten immer mehr Menschen um die zunehmende Zerstörung der Umwelt.

Die SED hatte sich in den 50er-Jahren zum Ziel gesetzt, den Sozialismus aufzubauen und zugleich das „Wirtschaftswunder" in der Bundesrepublik zu übertrumpfen. Die Folge war eine rücksichtslose Wirtschaftspolitik. Sie schädigte die Umwelt extrem. Wer damals zum Beispiel am Industriestandort Bitterfeld vorbeifuhr, konnte sehen, schmecken und riechen, wie unverantwortlich die DDR mit der Umwelt umging: Überall stiegen Abgase zum Himmel, stinkende Chemikalienschwaden hingen in der Luft. Veraltete Technologien ohne wirksame Filter verursachten einen großen Teil der Verschmutzung. Die DDR-Funktionäre führten an, diese Probleme würden „im Vorwärtsschreiten" der sozialistischen Welt gelöst. Anstatt die Verschmutzungen durch Gesetze einzudämmen, behaupteten sie zum Beispiel in völlig die Realität verdrehender Weise, die ganze Umweltproblematik stamme einzig und allein vom Kapitalismus her. Sobald man diesen auch in der DDR komplett überwunden habe, würde sich die Umweltproblematik von allein lösen.

Wer sich öffentlich für den Umweltschutz einsetzte, musste damit rechnen, von Partei und Staat als Krimineller abgetan zu werden. Das konnte aber einige Umwelt- und Bürgerrechtsaktivisten nicht davon anhalten, im September 1986 die Umwelt-Bibliothek Berlin, kurz UB, zu gründen. Unter dem Dach einer evangelischen Kirchengemeinde wollten sie drängende gesellschaftspolitische Fragen wie etwa den Umweltschutz diskutieren. Dazu sammelten sie für DDR-Bürger schwer zugängliche Literatur mit konkreten Zahlen über das Ausmaß der Umweltverschmutzung und organisierten Veranstaltungen. Sie gaben die Zeitschrift „Umweltblätter" heraus und druckten illegal für andere Oppositionsgruppen Flugblätter und Zeitschriften.

Natürlich versuchte die Stasi, die Arbeit der Umwelt-Bibliothek zu unterdrücken, etwa indem sie Mitarbeiter verhaftete. Doch sie scheiterte. Anfang der 80er-Jahre wehte bereits ein anderer Wind in der DDR. Wenn auch an ein Ende des SED-Staates zu diesem Zeitpunkt nicht zu denken war: Die Gegner des Staates wurden stärker (siehe Kapitel 17). Und die UB wurde zu einem ihrer wichtigen Zentren.

(siehe Kapitel 17)

Information

Die Umweltbewegung im Westen

Im Westen kam das Thema Umweltverschmutzung Ende der 60er-Jahre auf. 1972 wurde eine Studie mit dem Titel „Grenzen des Wachstums" veröffentlicht. Startschuss für die internationale Umweltpolitik war die Umweltschutzkonferenz: Hier trafen sich im selben Jahr in Stockholm mehr als 1200 Vertreter aus 112 Staaten, um über die menschliche Umwelt zu diskutieren. Die Konferenz endete mit einer Erklärung, in der sich die Weltgemeinschaft erstmals zur grenzüberschreitenden Zusammenarbeit im Umweltschutz bekannte. Auch wenn damit noch keine konkreten Schritte eingeleitet wurden, war die Umwelt erstmals Thema der Politik. Nicht dabei waren Vertreter der Ostblockstaaten wie der DDR.

Bundesrepublik

In der DDR stank die Umweltverschmutzung förmlich zum Himmel und wurde nicht einmal vertuscht.

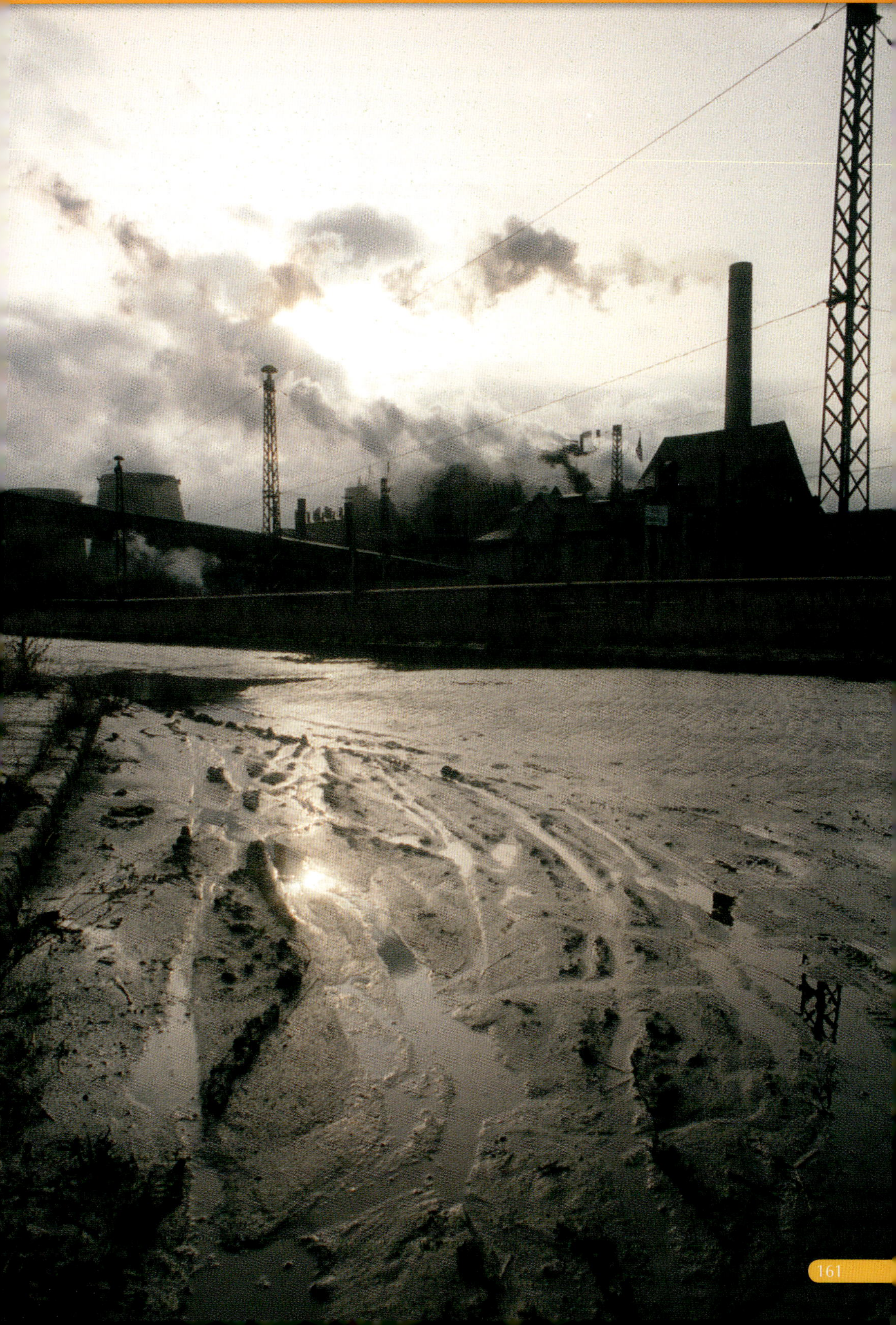

Die Umweltverschmutzung in der DDR erreichte ein heute nicht vorstellbares Ausmaß.

Mit Jesuslatschen und Hirschbeutel: Hippies in der DDR

Nicht nur im Westen gab es „Blumenkinder". In der DDR nannten sie sich zum Beispiel Blueser oder Tramper. Auch die Hippies der DDR träumten von Freiheit und wollten aus dem spießigen Alltag des SED-Staates ausbrechen. Dadurch riskierten sie Streit mit der Staatsmacht.

Die Träume und Outfits ähnelten sich in Ost und West. Erkennungszeichen waren lange

Haare, Nickelbrille und Batikkleider. Dazu kamen im Osten die „Jesuslatschen" genannten braunen Ledersandalen und die aus Wandbehängen genähten „Hirschbeutel". Natürlich passten die Hippies überhaupt nicht in das sozialistische Weltbild. Für die Staatsmacht waren sie „Gammler" und Anhänger des Klassenfeindes, sprich des Westens. Die Stasi versuchte deshalb, die

Jugendszene zu überwachen und die „subversiven Elemente zu zersetzen", indem sie diese Gruppen mit Spitzeln unterwanderte und zum Beispiel versuchte, Mitglieder durch Verleumdung gegeneinander auszuspielen. Im Osten gab es kaum Drogen, da diese nur gegen Westgeld zu erhalten und damit zu teuer waren. Außerdem bot die schier undurchlässige Mauer einen Schutz vor ihrer Einfuhr. Da die Ost-Hippies also nicht – wie die Hippies im Westen – an Haschisch oder LSD herankamen, tranken sie teilweise exzessiv Bier, Wein und Schnaps. Von 1979 an bot die evangelische Kirche den Ost-Hippies einen sicheren Ort, wo sie über Wehrpflicht, Ökologie oder den Sinn des Lebens diskutieren konnten.

Und in „Bluesmessen" konnten sie ihre Musik hören. So wurde aus einer Jugendsubkultur eine politische Bewegung. Und sie gewann an Stärke: Zu einer Bluesmesse in Ostberlin kamen bis zu 7000 Fans aus der gesamten DDR.

Information

„Flower-Power"

Die westliche Hippie-Bewegung hatte ihren Ursprung in San Francisco. Die Hippies stellten die Wohlstandsideale des Westens infrage und forderten ein von Zwängen und bürgerlichen Schranken befreites Leben. Im Vergleich zu der 68er-Bewegung mit ihren politischen Zielen ging es den Hippies darum, sich selbst zu verwirklichen. Zu der Bewegung gehörte das Schlagwort „Flower-Power" („Blumenmacht"), weil Blumen ein Symbol für Gewaltlosigkeit sind.

Bundes-
republik

Unterm Strich: Fast kein Raum für Jugendprotest

Wer sich gegen das System stellte, musste mit extrem harten Strafen rechnen, selbst als Jugendlicher mit bis zu 15 Jahren Gefängnis. Man durfte in der DDR nicht einmal die Musik hören, die einem gefiel. Erst in den 80ern schlossen sich dem jugendlichen Widerstand gegen das System mehr Menschen an – nicht zuletzt dank der Kirchen, die Raum und Schutz boten.

16. Kapitel

*Am Anfang standen noch große Hoffnungen,
die Diktatur zu überwinden.*

ARSCH'83
ATOMRAKETE
JRG — FRANKFURT · PAULSPLATZ

Die DDR – Zwischen Mauer, Trabi und Club-Cola

Kleiner Grenzverkehr und große Aufrüstung

An der deutsch-deutschen Grenze standen sich von 1945 bis 1990 zwei Bündnissysteme oder Blöcke hochgerüstet gegenüber: die Westmächte unter Führung der USA und der Ostblock unter Führung der Sowjetunion. Diese beiden Systeme prägten jahrzehntelang eine in vollkommen unterschiedliche politische und gesellschaftliche Blöcke zweigeteilte Welt: Demokratie und Marktwirtschaft im Westen, Diktatur und Planwirtschaft im Osten. Was bedeutete dieser Konflikt für die von ihm betroffenen Menschen? Konnten zum Beispiel durch den Mauerbau getrennte Familien wieder zusammenkommen?

Truppenstärke der NATO-Mitgliedstaaten (mit Kontigenten aus den USA und Kanada) und der Staaten des Warschauer Paktes im Jahr 1973

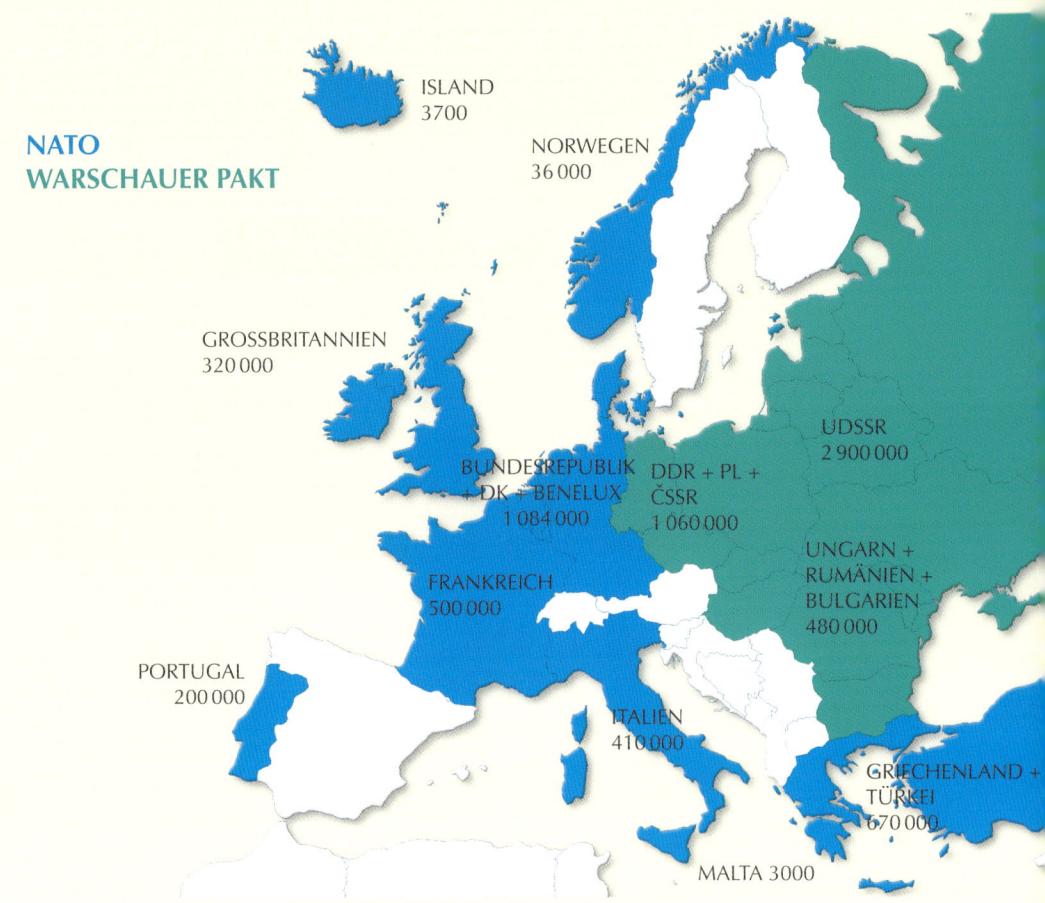

NATO
WARSCHAUER PAKT

ISLAND
3700

NORWEGEN
36 000

GROSSBRITANNIEN
320 000

UDSSR
2 900 000

BUNDESREPUBLIK
+ DK + BENELUX
1 084 000

DDR + PL +
ČSSR
1 060 000

FRANKREICH
500 000

UNGARN +
RUMÄNIEN +
BULGARIEN
480 000

PORTUGAL
200 000

ITALIEN
410 000

GRIECHENLAND +
TÜRKEI
670 000

MALTA 3000

Ein Krieg ohne Schusswechsel

Die beiden Blöcke bekämpften sich erbittert, aber immer so, dass kein offener Krieg ausbrach. Stattdessen versuchte man, Einfluss zu gewinnen: wirtschaftlich, politisch, gesellschaftlich und – nicht zuletzt – militärisch. Es herrschte Kalter Krieg. Beide Seiten verschafften sich Atomwaffenlager mit extremer Zerstörungskraft. Sie sollten den Gegner abschrecken, schufen aber stattdessen eine heikle Situation: Hätte eine Seite mit Atom-

waffen angegriffen, wäre sofort der atomare Gegenschlag erfolgt und so weiter bis zur gegenseitigen Vernichtung.
Es gab zwei Militärbündnisse: die NATO auf westlicher und den Warschauer Pakt auf östlicher Seite (siehe Kapitel 3). Die Bundeswehr der Bundesrepublik gehörte zur NATO, die Nationale Volksarmee (NVA) der DDR zum Warschauer Pakt.

Die Mauer wird für ein paar Tage durchlässig

Durch den Bau der Mauer waren allein in Berlin viele Menschen von ihren Verwandten getrennt worden. Erst zwei Jahre und vier Monate nach der Teilung der Stadt durften 1963 nach zähen Verhandlungen zwischen West- und Ostdeutschland etwa 700 000 Westberliner zum Jahresende für ein paar Tage ihre Verwandtschaft im Ostteil der Stadt besuchen. Dieses Passierscheinabkommen war Ausgangspunkt einer neuen Deutschlandpolitik. Egon Bahr (SPD), Pressechef und Vertrauter des Berliner Regierenden Bürgermeisters Willy Brandt (SPD), brachte sie auf die Formel:

Zitat

„Wandel durch Annäherung"
Egon Bahr

Bis 1966 gab es vier weitere Passierscheinabkommen mit der DDR. Sie ermöglichten es den Menschen aus Ost und West, sich wiederzusehen.

Erste Schritte aufeinander zu: die Ostpolitik Brandts

Zu Beginn der 70er-Jahre war die Bundesrepublik als NATO-Mitglied fest im Westen verankert. Was fehlte, war die Aussöhnung mit den Nachbarstaaten im Osten, die im Zweiten Weltkrieg stark unter den Nationalsozialisten gelitten hatten. Und es fehlte eine Normalisierung der Beziehungen zur DDR, eben eine Annäherung. Beides nahm Willy Brandt in Angriff, der inzwischen Bundeskanzler geworden war. Kernstück seiner Entspannungs- und Friedenspolitik (Ostpolitik) bildete 1970 der Moskauer Vertrag zwischen der Bundesrepublik und der Sowjetunion. Darin erkannten beide Seiten die Grenzen in Europa an, die Sowjetunion akzeptierte also die Einbindung der Bundesrepublik in den Westen und ihre NATO-Mitgliedschaft, während Letztere die Grenzen anerkannte, die durch den Zweiten Weltkrieg entstanden waren, also zum Beispiel den endgültigen Verlust aller ehemaligen deutschen, nun sowjetischen Gebiete wie Ostpreußen. 1972 war es so weit: Die Lage hatte sich genug entspannt,

Information

Nobelpreis für Brandt

Für seine „Politik der Versöhnung zwischen alten Feindbildern" erhielt Willy Brandt 1971 als erster Deutscher den Friedensnobelpreis.

Bundesrepublik

dass sich die beiden deutschen Staaten auf den „Grundlagenvertrag" einigen konnten. Er normalisierte die deutsch-deutschen Beziehungen. Bis zu diesem Zeitpunkt hatte die Bundesrepublik – nach der „Hallstein-Doktrin" – zeitweise sogar die Beziehungen zu anderen Staaten abgebrochen, die ihrerseits die DDR anerkannten. Nun unterhielt sie zwar nach wie vor keine Botschaft in Ostberlin, richtete dafür aber eine „Ständige Vertretung" ein. Die Westdeutschen wollten mit der DDR zusammenarbeiten, sie aber keinesfalls als einen „normalen" Staat wie etwa Frankreich oder Polen anerkennen. Schließlich strebte man immer noch eine Wiedervereinigung an.

Durch den Grundlagenvertrag wurde das Reisen zwischen den beiden deutschen Staaten etwas einfacher: Der bürokratische Aufwand für Visa verringerte sich und insbesondere Rentner und andere Menschen, die nichts (mehr) zur Planerfüllung beitrugen, durften zum Beispiel Verwandte im Westen besuchen. Umgekehrt konnten Bundesbürger aus grenznahen Regionen fortan in grenznahe Regionen der DDR reisen – etwa um ihrerseits Verwandte zu besuchen. Ein „kleiner Grenzverkehr" entstand.

Eine umfassendere Reisefreiheit wollte die DDR nur gewähren, wenn ihr Status als eigenständiger Staat anerkannt würde. Zudem verlangte sie die Auslieferung von DDR-Bürgern, die aus dem Westen nicht mehr in die DDR zurückgekehrt waren. Diese Forderungen konnte die Bundesrepublik keinesfalls erfüllen, weil sie ihrem Grundgesetz widersprach: Denn laut Grundgesetz darf ein deutscher Staatsbürger, und das waren für die Bundesrepublik auch alle DDR-Bürger, an keinen anderen Staat ausgeliefert werden.

Kurzes Tauwetter im Ostblock

1968 versuchten Mitglieder der tschechoslowakischen Kommunistischen Partei unter Alexander Dubček, ihr Land zu reformieren und zu demokratisieren. Sie forderten: die Aufhebung der Zensur, Informations- und Meinungsfreiheit und Reformen in der Wirtschaft, zum Beispiel Schritte weg von der Planwirtschaft hin zu mehr westlicher Marktwirtschaft. Dieser sogenannte „Prager Frühling" war jedoch nur von kurzer Dauer. Die sowjetische Führung fürchtete um ihren Einfluss und marschierte mit Truppen des Warschauer Paktes in die Tschechoslowakei ein (ČSSR, heute Tschechien und Slowakei). Sie zwang die politische Führung in der ČSSR damit wieder auf die vorgegebene kommunistische Linie. Die Demonstrationen wurden brutal und blutig niedergeschlagen.

Der Westen verurteilte das Vorgehen der Sowjetunion, kam aber den Aufständischen nicht zu Hilfe, hätte dies doch unweigerlich Krieg zwischen Ost und West bedeutet. Die Souveränität der sozialistischen Bruderstaaten schließe keine Abkehr von den Grundlagen des Sozialismus ein, rechtfertigte der sowjetische Staats- und Parteichef Leonid Breschnew das Eingreifen. Die sogenannte Breschnew-Doktrin forderte die „beschränkte Souveränität" der sozialistischen Staaten. Anders gesagt: Die Sowjetunion nahm sich das Recht heraus, einzugreifen, sobald sie in einem der Staaten des Warschauer Paktes den Sozialismus „bedroht" sah, so wie in der Tschechoslowakei 1968.

Der „Prager Frühling" wurde schließlich blutig niedergeschlagen

Information

Ostermärsche gegen den Doppelbeschluss

Der NATO-Doppelbeschluss ließ im Westen eine breite Friedensbewegung entstehen. Kritiker befürchteten eine Zuspitzung im atomaren Rüstungswettlauf hin zum Ausbruch eines Atomkrieges: Die Aufrüstung drohe sich jeder politischen Kontrolle zu entziehen. Immer mehr Menschen forderten, darauf zu verzichten: Es müsse nicht stets das Abschreckungspotenzial des Gegners erreicht werden – zumal beide Seiten bereits über genügend Atomwaffen verfügten, um die gesamte Menschheit mehrfach zu vernichten. Jede weitere Rüstung sei unsinnig. 1983 kamen etwa 700 000 Menschen zu verschiedenen Protestaktionen wie den sogenannten Ostermärschen für Frieden.

Bundes-republik

Ostermärsche richteten sich im Westen oft gegen die atomare Aufrüstung.

Schluss mit dem Rüstungswahnsinn?

1969 nahmen auch die UdSSR und die USA erste Gespräche auf. Sie würden beide ihre riesigen Atomwaffenlager abrüsten, einigten sie sich. In den Menschen erwachte die Hoffnung auf ein friedliches Nebeneinander beider Systeme.

Aber sehr schnell verdüsterte sich die politische Welt wieder, als der Warschauer Pakt die eigene Aufrüstung massiv verstärkte, um im Wettrüsten wieder die Oberhand zu gewinnen. Er stationierte SS-18-Interkontinentalraketen und neue mit Atomwaffen bestückte Langstreckenbomber und er startete große Flottenbauprogramme.

Mit zwei Ereignissen endete dann 1979 die kurze Phase der Entspannung zwischen Ost und West endgültig: dem NATO-Doppelbeschluss und dem sowjetischen Einmarsch in Afghanistan. Dieser Einmarsch bedrohte handfeste Interessen der USA: die an den Erdölreserven im Nahen und Mittleren Osten. Der NATO-Doppelbeschluss vom 12. Dezember 1979 bestand aus zwei Teilen: Er bot dem Warschauer Pakt Verhandlungen an. Das Thema: wie beide Seiten ihre atomaren Mittelstreckenraketen abrüsten können. Sollten die Verhandlungen scheitern, kündigte der Doppelbeschluss an, neue US-amerikanische Raketen in Westeuropa aufzustellen, und zwar Pershing-II-Raketen und Marschflugkörper. So sollte das neue Übergewicht sowjetischer Mittelstreckenraketen ausgeglichen werden. Die Verhandlungen scheiterten und die Raketen wurden aufgestellt.

Der Rüstungswettlauf geht weiter

Mit Beginn seiner Amtszeit 1981 erhöhte US-Präsident Ronald Reagan trotz Protesten die Ausgaben für Rüstung auf ein neues Rekordniveau. Die USA wollten im Rüstungswettlauf uneinholbar vor dem Ostblock liegen. Der Warschauer Pakt sollte wirtschaftlich in den Ruin getrieben werden, er müsste ja als Reaktion seinerseits gewaltige Anstrengungen zur weiteren Aufrüstung unternehmen, kalkulierte man. Der Ostblock konnte sich diese Ausgaben aber nach westlichen Einschätzungen nicht mehr lange leisten. Der Westen würde also militärisch als der Stärkere übrig bleiben und der Ostblock könnte politisch und strategisch in die Knie gezwungen werden.

1985 und 1986 traf sich Reagan schließlich mit dem sowjetischen Generalsekretär Michail Gorbatschow (siehe Kapitel 17) zu neuen Abrüstungsverhandlungen. Reagans Rechnung schien aufgegangen zu sein, der Ostblock konnte mit seiner Aufrüstung nicht mithalten und war zu Verhandlungen gezwungen. 1987 unterzeichneten er und Gorbatschow einen Vertrag zur Abschaffung der amerikanischen und sowjetischen Mittelstreckenraketen in Europa – der Kalte Krieg verlor ein wenig von seinem Schrecken.

An seinem Ziel, den Ostblock und damit den Eisernen Vorhang einzureißen, hielt Reagan währenddessen fest. Am 12. Juni 1987, vor den Sperranlagen der Berliner Mauer am Brandenburger Tor forderte er Gorbatschow in einer Rede auf:

Zitat

„Generalsekretär Gorbatschow, wenn Sie nach Frieden streben, wenn Sie Wohlstand für die Sowjetunion und für Osteuropa wünschen, wenn Sie die Liberalisierung wollen, dann kommen Sie hierher zu diesem Tor, Herr Gorbatschow, öffnen Sie dieses Tor! Herr Gorbatschow, reißen Sie diese Mauer nieder!"

Ronald Reagan

Unterm Strich: atomare Hochrüstung ohne Grenzen

Der Kalte Krieg führte im Westen und im Ostblock zu einer nie da gewesenen Aufrüstung. Beide Seiten verfügten zeitweise über genug Atomwaffen, um sich gegenseitig auszuradieren. Auch nach einer Phase der Entspannung ging das Wettrüsten weiter – vor allem auf deutschem Boden, wo sich beide Systeme feindlich gegenüberstanden. Einzig die Ostpolitik Brandts brachte für die Menschen in West- und Ostdeutschland Erleichterungen, zum Beispiel beim Reisen.

17. Kapitel

Helmut Kohl (links) mit Michail Gorbatschow (rechts) – zwei Baumeister der deutschen Einheit

Die DDR – Zwischen Mauer, Trabi und Club-Cola

„Wir sind das Volk!"

Mit dem gesamten Ostblock ging es in den 80er-Jahren wirtschaftlich bergab – nicht zuletzt durch den von Ronald Reagan aufgezwungenen Rüstungswettlauf (siehe Kapitel 16). Der Ostblock konnte etwa in der Automobiltechnik (siehe Kapitel 10) oder in der immer wichtiger werdenden Elektronik- und Computertechnik nicht mit dem Westen mithalten. So entwickelte man in der DDR zwar Ende der 80er-Jahre einen 1-Megabit-Chip, der war jedoch schon zu diesem Zeitpunkt veraltet und wurde wegen seines im Vergleich zu westlichen Chips großen Volumens als „begehbarer Chip" verspottet.

Gorbatschow will die Wende: Perestroika und Glasnost

Da der Ostblock mit dem Westen wirtschaftlich und technologisch nicht mehr Schritt halten konnte, kam es zu verschärften Engpässen in der Versorgung und im Wohnungsbau. Der Osten lebte zunehmend auf Pump: Er musste Kredite im Westen aufnehmen, da er von dort mehr importierte, als er dorthin exportieren konnte.

Diese aussichtslose Lage erkannte auch die sowjetische Führungsspitze. 1985 leitete der neue Generalsekretär des Politbüros, Michail Gorbatschow, einen Kurswechsel ein: Er gab seinem Reformprogramm die beiden Namen Perestroika und Glasnost. Perestroika stand für die Wende in Wirtschaft und Verwaltung weg von der Planwirtschaft und hin zu marktwirtschaftlichen Prinzipien, Glasnost für mehr Offenheit und Transparenz nach innen und außen, also weg von der Geheimniskrämerei früherer Sowjetregierungen. Als ersten Schritt versuchte Gorbatschow, die Ausgaben für Rüstung zu verringern. Denn ganz wie es US-Präsident Reagan geplant hatte, erstickten sie jede Entwicklungsmöglichkeit in der UdSSR.

Gorbatschow wollte auf diplomatischem Weg eine Abrüstung beider Blöcke erreichen. So legte er 1986 einen Plan zur Abschaffung aller Atomwaffen bis zum Jahr 2000 vor. Die Medien nahmen diesen Vorschlag natürlich überwiegend positiv auf. Ein kluger Schachzug also, um die Blockadehaltung des Westens zu überwinden.

Im Oktober 1986 kam es zu einem Gipfeltreffen zwischen Reagan und Gorbatschow in Reykjavík, der Hauptstadt Islands. Die beiden sprachen darüber, alle Atomwaffen zu halbieren und alle ballistischen Raketen wie die Interkontinentalraketen binnen zehn Jahren abzuschaffen.

Eine Weltmacht zerbröckelt

Gorbatschow hob parallel dazu die Breschnew-Doktrin auf, der zufolge die UdSSR sich jederzeit in die Angelegenheiten eines sozialistischen Staates wie der DDR einmischen konnte – notfalls sogar mit militärischer Gewalt.

In Osteuropa brach nun die „Wende" an: In Polen kam es im April 1988 zu wilden Streiks durch die verbotene Gewerkschaft Solidarność. Im August folgten Gespräche zwischen Solidarność und der kommunistischen polnischen Regierung. Im Dezember gründete sich das oppositionelle Bürgerkomitee unter Lech Wałęsas Vorsitz. Als es am 4. Juni 1989 zu Neuwahlen kam, siegte das Bürgerkomitee. Wałęsa wurde 1990 der erste Präsident des demokratischen Polens. Eine ähnliche Entwicklung hin zur Demokratie gab es in Ungarn.

Michail Gorbatschow leitete mit Perestroika und Glasnost den Fall des Eisernen Vorhangs ein.

Fokus DDR: Stillstand und Verkrustung in den 80ern

Auch in der DDR hätte eines spätestens in den 80er-Jahren jedem klar sein müssen: Das System konnte mit dem Westen wirtschaftlich nicht mehr mithalten. Am Ende stand die DDR-Planwirtschaft gar vor der Pleite: Es mangelte an Ersatzteilen, Maschinen, Baumaterial und vielem mehr, die Zahlungsunfähigkeit drohte. Dies ignorierte die Führung unter Erich Honecker jedoch, genauso wie alle Wünsche nach Reformen. Die DDR-Führung war veraltet, verkrustet und beharrte auf ihren längst gescheiterten Ideen. Als man erlebte, wie ähnlich gestaltete Staaten ihr verkrustetes System änderten,

Zitat

„Den Sozialismus – so sagt man bei uns immer – in seinem Lauf halten weder Ochs noch Esel auf."
Erich Honecker im August 1989

wuchs auch in der DDR der Wunsch nach einem Umbruch im eigenen Land.
Die DDR-Bürger wurden in dieser Zeit kritischer und glaubten nicht mehr an die Erfüllung ihrer gewachsenen gesellschaftlichen, politischen und wirtschaftlichen Ansprüche in dem starren „Weiter-so-System". Bürgerrechts- und Menschenrechtsgruppen wie die Umwelt-Bibliothek (siehe Kapitel 15) gewannen zunehmend an Bedeutung. Sie forderten politische und persönliche Freiheit und die Einhaltung elementarer Menschenrechte wie die Reisefreiheit oder das Recht, überall seine Meinung sagen zu dürfen. Diese Menschen hofften darauf, das System zu reformieren.
Viele andere glaubten nicht mehr an die Reformfähigkeit ihrer Regierung und des gesamten Systems. Sie stimmten mit den Füßen ab, so wie in den 50er-Jahren (siehe Kapitel 5): Sie wollten raus aus der DDR – entweder durch Flucht oder indem sie Ausreiseanträge stellten.

Zitat

„Meine Koffer waren im Sommer '89 fast schon gepackt. Aber meine Freundin und ich hatten gerade einen Studienplatz bekommen. Und da waren ja auch Freunde und Familie. Am Ende haben wir es nicht gemacht, weil es doch ein ziemlich großer Schritt gewesen wäre und das soziale Umfeld schwerer wiegt als die Freiheit. Und wir mussten ja auch nicht hungern, wir waren materiell abgesichert. Und politisch verfolgt waren wir auch nicht."

Wolfgang Marin

Der Niedergang der DDR hatte viele Ursachen

Als in der Sowjetunion und in anderen Ostblockländern gegen Bespitzelung sowie die eingeschränkte Meinungs-, Reise- und Demonstrationsfreiheit rebelliert wurde, fassten mehr und mehr Ostdeutsche den Mut, in ihrem Land ebenfalls dagegen anzugehen. Als ein Mann, der bereit war, ein starres System grundlegend zu verändern, wurde Gorbatschow im Westen wie im Osten zum Idol. Demgegenüber stand die Reformunfähigkeit der überalterten SED-Führung.

Am 7. Mai 1989 wiesen Bürgerrechtsgruppen erstmals Wahlfälschungen nach, und zwar bei den Kommunalwahlen.

Trotz allem beharrte die DDR-Regierung auf ihrem alleinigen Führungsanspruch und ihrer Deutung der Geschehnisse. Hartnäckig plante sie weiter an der aufwendigen Feier zum 40. Jahrestag der DDR-Gründung. Zur gleichen Zeit protestierten Menschen im ganzen Land, immer weniger glaubten noch an die Ideale des Sozialismus und an die Überlebensfähigkeit des Systems. Von Überlegenheit war längst nicht mehr die Rede. Erstmals konnte man im Osten Deutschlands aufbegehren, ohne mit der gewaltsamen Niederschlagung durch sowjetische Truppen rechnen zu müssen. Davor sicher fühlen konnte man sich aber auch noch nicht. Noch nicht.

Zitat

„Viele Bekannte waren im Sommer 1989 auf einmal weg. So wie ein Arbeitskollege meines Vaters, der verschwand über Nacht. Wir hatten ein Haus, waren drei Kinder, da haben sich meine Eltern schon überlegt: Gibt man das alles auf? Für eine ungewisse Zukunft?"

Mareike Schnellenkamp

Neue Fluchtwege über Ungarn und Prag

Auch das realsozialistische Ungarn ging schließlich neue Wege: Am 2. Mai 1989 baute man die Grenzanlagen zu Österreich ab. Der Eiserne Vorhang wurde löchrig. Schon kurz danach versuchten Hunderte von DDR-Bürgern, über eben diese Löcher in den Westen auszureisen.

Andere strömten in die Botschaften der Bundesrepublik in Budapest, Prag und Warschau sowie in die Ständige Vertretung in Ostberlin. Sie verlangten bundesdeutsche Pässe, um damit in den Westen zu gelangen. Diese Botschaften und die Ständige Vertretung mussten daraufhin im August und September wegen Überfüllung schließen.

Die Ungarn bohrten unterdessen ein weiteres Loch in den Eisernen Vorhang: Beim „Paneuropäischen Picknick" am 19. August 1989 öffneten sie einen Grenzabschnitt zwischen Ungarn und Österreich. An diesem Tag strömten DDR-Bürger in einer Massenflucht nach Österreich.

Was fehlte, war eine Lösung für die in der völlig überfüllten westdeutschen Botschaft in Prag versammelten DDR-Bürger. Im September 1989 warteten dort mehr als 4000 Menschen darauf, in den Westen ausreisen zu dürfen. Die Genehmigung erhielten sie am 30. September. Als der westdeutsche Außenminister Hans-Dietrich Genscher (FDP) auf dem Balkon der Botschaft zu ihnen sprach, ging seine Ansprache ...

Zitat

„Ich bin heute zu Ihnen gekommen, um Ihnen zu sagen, dass heute Ihre Ausreise ..."

Hans-Dietrich Genscher

... im stürmischen Jubel der 4000 unter. Am Balkongeländer hängt heute eine Tafel, die daran erinnert. Die dort aufgeführte Rede hat Genscher allerdings nie gehalten. Mit dem wohl berühmtesten Halbsatz der deutschen Geschichte war alles gesagt.

Die Flüchtlinge konnten daraufhin über DDR-Gebiet in die Bundesrepublik ausreisen, und zwar in verschlossenen Sonderzügen. Während der Durchfahrt am 4. Oktober mussten DDR-Bahnhöfe abgesperrt werden, da viele DDR-Bürger auf die Züge aufspringen wollten. Auf dem Dresdner Hauptbahnhof kam es zu heftigen Auseinandersetzungen zwischen Demonstranten und Polizisten.

Zu diesem Zeitpunkt hatte Ungarn bereits Zigtausende Ausreisewillige die Grenze nach Österreich passieren lassen, und zwar ohne Rücksprache mit der DDR zu halten, was es bis dahin in den Staaten des Warschauer Pakts nie gegeben hatte.

Über Ungarn geflüchtet: Ein Zeitzeuge berichtet

„Über Flucht nachgedacht hatte ich zusammen mit einem Freund schon drei Jahre lang. Wir kriegten mit, dass in Ungarn alles prowestlich wird. Eigentlich wollten wir die Sache zusammen durchziehen, aber mein Freund bekam im April seinen Einberufungsbefehl. Da hat er über Nacht versucht, abzuhauen, ist aber gescheitert und eingesperrt worden. So war ich auf mich allein gestellt. Ungarn kannte ich schon von drei Urlauben her. Der Plan war, so lange durchzuhalten, bis man ungarischer Staatsbürger wird und dann als Ungar normal ausreisen darf. Das war natürlich nicht realistisch. Ich bin also mit meinem Motorrad in Richtung Ungarn gefahren, offiziell, um dort meinen Urlaub zu verbringen. Ich ahnte damals im Sommer '89 natürlich nicht, dass man über Ungarn einfach abhauen konnte. Erst als ich dort ankam, hörte ich von den Möglichkeiten. Die westdeutsche Botschaft in Budapest war schon besetzt und auch schon abgeriegelt. Da hat man keinen mehr reingelassen.

Damals gab es auf einem Berg in Budapest auch noch ein westdeutsches Konsulat. Davor kampierte ich mit anderen Flüchtlingen auf Pappen. Immer mal wieder wurden wir von Leuten angesprochen, die so richtig ins Stasi-Klischee passten, schon von der Sprache her. Scheinheilig boten sie einem Reisen in Richtung Österreich an. Sie waren zu zweit, du allein. Da hatte ich schon Angst, dass die mich da einfach wegholen.

Wir Flüchtlinge diskutierten, wie man mit dem Schiff über den Neusiedler See abhauen könnte, etwa indem man von Booten runtersprang und dann Richtung Österreich schwamm. Ich habe einmal einen Mann gesehen, der sah extrem verpickelt aus. Ich fragte ihn, ob er aus medizinischen Gründen in den Westen will. Nein, er wolle einfach nur in die Freiheit, erzählte er. Seine ‚Pickel' würden sicher bald von allein weggehen. Er war nämlich bei der Flucht über den Neusiedler See im Schilf stecken geblieben. Kam einfach nicht weiter, ohne von den Grenzern entdeckt zu werden. So saß er 24 Stunden im Schlamm und die Mücken haben ihn total zerstochen. Er sah echt aus wie ein

auf einem Zeltplatz nette Westdeutsche von dort kennengelernt hatte. Jetzt war ich also Besitzer von einem bundesrepublikanischen Pass, konnte allerdings nichts damit anfangen. Noch nicht.

Bei meinem ersten Fluchtversuch fuhr ich mit dem Motorrad Richtung Österreich. 20 Kilometer vor der Grenze ließ ich es stehen. Dann lief ich immer in Sichtweite der Autobahn. Ein Kilometer vor der Grenze war dann Schluss. Ich wurde von zwei ungarischen Grenzsoldaten gefasst.

Insgesamt drei Mal habe ich versucht, über die ungarisch-österreichische Grenze zu fliehen. Drei Mal wurde ich festgenommen. Die Ungarn waren aber total human. Spätestens

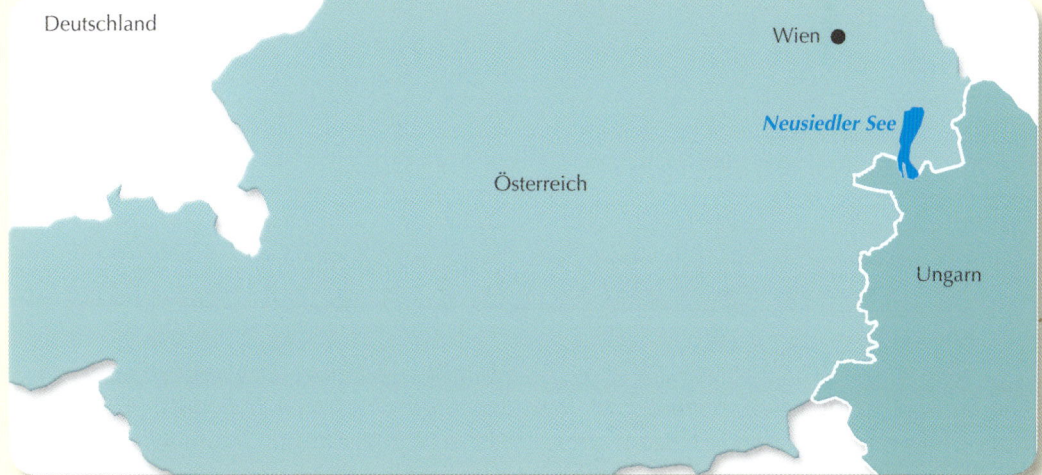

Die Grenze zwischen Ungarn und Österreich bot für kurze Zeit die einzige Möglichkeit zur Flucht in den Westen.

Streuselkuchen. Auf dem Konsulat habe ich mir einen bundesrepublikanischen Reisepass besorgt, den alten grünen. Den konnte ja jeder DDR-Bürger bekommen. Was man nicht bekam, war das Ein- und Ausreisevisum. Auf dem Konsulat empfahl man mir, im Reisepass einen westdeutschen Geburtsort anzugeben – zur Sicherheit, falls man bei der Flucht von Grenzbeamten gefragt würde. Ich gab Bochum an, weil ich zuvor

nach drei, vier Tagen war ich wieder frei. Da ich aber inzwischen keinen Pfennig mehr hatte, drückten mir die Grenzschützer Geld in die Hand – einmal ganze 150 Forint. Das reichte für ein paar Hamburger. Sie gaben mir sogar noch Tipps, wo ich in Budapest hingehen sollte.

Manchmal bekam ich 50 oder 100 Forint von Westdeutschen, wenn sie die Ostdeutschen vor dem Konsulat fotografierten. Ein

bisschen Geld brauchte man ja, zum Beispiel für das Passfoto oder fürs Essen. Eine
Zahnbürste ließ ich aus dem Supermarkt
mitgehen, Zahnpasta auch.

In Budapest ging nichts weiter. Ich hatte einfach kein Geld mehr. Und eine Chance zu
flüchten sah ich auch nicht. Also fuhr ich zu
dem Zeltplatz im Donauknie, wo ich schon
in den Jahren zuvor Urlaub gemacht hatte.
Da kannte ich einige Leute. Die gaben mir
ein Dach über dem Kopf und die Gelegenheit, ein bisschen Geld zu verdienen, fürs
Flaschenauflesen, Aufräumen, Heizen und
so. Dort blieb ich erst einmal eineinhalb
Wochen. Die Leiterin des Zeltplatzes kümmerte sich dann um eine Mitfahrgelegenheit
für mich in Richtung ungarisch-jugoslawi-
sche Grenze. Sie meinte, da sei es definitiv
besser. Und es ergab sich dort tatsächlich
sehr schnell etwas: Auf dem Zeltplatz trafen
sich zwei Frauen und ein Mann aus dem
Westen. Die nahmen auch mich mit
zur Grenze.

Die Grundidee der Flucht war, das un-
übersichtliche Getümmel an der Grenze
auszunutzen. Zusammen mit den beiden Frauen stieg ich etwa 500 Meter vor
dem Schlagbaum aus. Es gab da ja eine
lange Warteschlange. Wir drei wechselten
die Straßenseite. Uns sollte keiner auf der
Ausreisespur entlanggehen sehen. Als wir
die Gebäude mit Grenzschutz, Imbiss und
so erreichten, gingen wir auf die Toilette
und wechselten anschließend wieder die
Straßenseite, damit waren wir auf der Ausreisespur nach Jugoslawien. Wir nahmen
unsere grünen BRD-Pässe in die Hand und
spazierten lächelnd und mit den Pässen win-
kend an den Grenzern vorbei. Die haben
unsere Pässe gesehen, uns zugelächelt und
uns passieren lassen. Nach einem Visum
wurde ich erst gar nicht gefragt. Wir gingen
weiter. Dann kam die erste Shell-Tankstelle
und wir wussten: Wir sind in Jugoslawien.
Mein Gefühl an der Tankstelle? Glücklich
und geschockt zugleich. Glücklich, weil
ich es geschafft hatte: Endlich war das erreicht, was ich so lange ersehnt hatte. Ich
war draußen aus der DDR. Geschockt, weil
ich fest von der Endgültigkeit meines Schritts
überzeugt war, davon, dass ich meine Eltern nicht mehr sehen würde. Das war ein
ständiges Hin und Her. Die Mädels schrien,
‚Juhu‘, ich tat es auch. Aber es war alles sehr
seltsam.

Wir mussten dann noch zwei Stunden auf
den Fahrer warten, weil sie dessen Auto
komplett zerpflückt hatten. Aber die Flucht
war nach drei Festnahmen und der Ausweg-
losigkeit zwischendurch eigentlich ziemlich
simpel. Verrückt, an die Namen der beiden
Frauen und des Mannes kann ich mich nicht
mehr erinnern.

Schon am nächsten Tag war ich in Bel-
grad. Ich ging sofort zur westdeutschen
Botschaft. Dort wurden mir 4 ½ Millionen
Dinar in die Hand gedrückt. Damit konnte
ich mir eine Bahnfahrkarte Richtung Gießen kaufen zum zentralen Aufnahmelager
für DDR-Flüchtlinge.

Zitat

„Was die Ungarn damals gemacht haben, finde ich schon genial. Da sollte
man ihnen dankbar sein. Das hätte alles auch anders ausgehen können.
Sie hätten mich ja auch einsperren können – und sie hätten sagen können: ‚So, Herr Köberl, jetzt fahren wir Sie zur DDR-Botschaft.‘"
Sven Köberl

In dem Aufnahmelager sah ich Ladas und Wartburgs mit Stacheldraht am Kühler. Die Leute erzählten, sie hätten einfach richtig Gas gegeben und wären durchs grüne Gemüse geschossen. Auch wenn sie dafür ein Stück Zaun durchbrechen mussten. Einige sind wohl kurz ausgestiegen und haben mit einem Seitenschneider ein Stück Zaun abgeschnitten. Die Grenze wurde kaum noch bewacht und keiner hatte Angst vor Todesschüssen. Schüsse soll es zwar 1989 an der ungarisch-österreichischen Grenze gegeben haben, aber nur zum Schocken. Von Gießen aus fuhr ich dann bald weiter zu den Zeltplatz-Bekannten nach Bochum. Bei denen wohnte ich einen Monat. Arbeit hatte ich schon nach zwei Tagen und bald auch eine Wohnung. Leute haben einen Haufen Möbel und Haushaltsgegenstände vorbeigebracht, nach einem halben Jahr war ich komplett ausgestattet. Mein Start im Westen verlief super. Ich hatte viel Glück."

Sven Köberl

Lustiges

Erich Honecker steht auf dem Balkon seines Hauses und sieht die Sonne aufgehen. Er sagt: „Guten Morgen, liebe Sonne." Die Sonne antwortet: „Guten Morgen, lieber Erich." Zum Mittag dasselbe: „Guten Tag, liebe Sonne." – „Guten Tag, lieber Erich." Am Abend wieder: „Guten Abend, liebe Sonne." Darauf die Sonne: „Leck mich am Arsch, jetzt bin ich im Westen."

Die legendären Montagsdemonstrationen beginnen

In der DDR kam es im Sommer und Herbst 1989 immer häufiger zu Demonstrationen. Die Menschen waren es leid, alles hinzunehmen, was ihnen ihre Regierung aufzwang. Und sie erkannten ihre Chance: Mit dem Rückenwind aus den reformbereiten Ostblockländern wie der Sowjetunion, Polen und Ungarn konnte es möglich sein, auch im eigenen Land etwas zu verändern.

Legendär wurden die Montagsdemonstrationen auf dem Nikolaikirchhof in Leipzig. Auf der ersten am 4. September 1989 forderten die damals noch sehr wenigen Teilnehmer vor allem Reisefreiheit. Die Menschen standen unter dem Eindruck der Massenflucht über Prag und Ungarn. Weil westdeutsche Journalisten vor Ort waren, versuchte die Stasi, die gezeigten

Zitat

„Meine Freundin war kirchlich sehr aktiv. Deshalb ging ich schon zu den Demos in Leipzig, als es kaum mehr als 100 Leute waren, die demonstrierten. Polizei und Stasi auf der Gegenseite waren fast in der Überzahl. Damals wurden viele verhaftet. Wir hatten vor den Demos abgesprochen, dass jeder laut seinen Namen rufen sollte, wenn er verhaftet wird. Damit er nicht ohne jegliche Spur in irgendeinem Gefängnis verschwand."

Wolfgang Marin

Transparente zu entfernen und die ganze Demonstration aufzulösen. Polizei und Stasi bekamen daraufhin erste laute „Stasi raus"-Rufe zu hören.

Die Leipziger Montagsdemonstrationen folgten stets auf die Friedensgebete in der Nikolaikirche. Sie gab es bereits seit Mitte der 80er-Jahre. Den Pfarrern Christian Führer und Christoph Wonneberger ging es vor allem um eine friedliche, demokratische Neuordnung der DDR und hier insbesondere um das Ende der SED-Herrschaft.

Die Montagsdemonstrationen sind ein nicht wegzudenkender Teil der Wende in der DDR im Herbst 1989.

Die Montagsdemonstrationen in Leipzig gehörten zu den Marksteinen auf dem Weg zur deutschen Einheit.

Zitat

„Wir waren auf der ersten Demonstration im Juli am Rande des Kirchentages. Da standen 300 Demonstranten gegen 300 Mann der Kampfgruppen. Wir wussten überhaupt nicht, wie es ausgehen würde. Wir hatten Angst. Was tun die? Diese Angst hielt bei uns allen bis zum 9. Oktober an. Erst dann wussten wir, es ist wirklich vorbei."

Elisabeth Lange

Ausgangspunkt für Protest und Demonstration waren meist die Kirchen.

Geschmuggelte Nachrichten

Der Termin für die Montagsdemonstrationen, der späte Nachmittag, ermöglichte es den westdeutschen Fernsehsendern, ihren Beginn regelmäßig in den Hauptnachrichtensendungen um 19.00 bzw. 20.00 Uhr zu zeigen. Das Bildmaterial musste dabei aus Leipzig herausgeschmuggelt werden, da die Stadt für westliche Journalisten zu dieser Zeit gesperrt war.

Bundes-republik

Neun entscheidende Tage im Oktober '89 – ein Protokoll

1. Oktober

Die Gründungsmitglieder der Bürgerbewegung Neues Forum kündigen an, beim Ministerium des Innern Beschwerde einzulegen: Bis dahin nicht offiziell als Vereinigung anerkannt, wollen sie so die Zulassung ihrer Bewegung erwirken und damit die Möglichkeit, ihre Ideen öffentlich zu äußern und zu diskutieren. Durch die Aktion wird klar: Die Bürger der DDR lehnen sich immer stärker gegen das System auf und sind nun auch vermehrt bereit, dagegen anzukämpfen.

2. Oktober

Rund 20 000 Menschen schließen sich der Montagsdemonstration in Leipzig an. Sie rufen Losungen wie: „Freiheit, Gleichheit, Brüderlichkeit", „Wir bleiben hier", „Neues Forum zulassen" und „Freiheit für die Gefangenen". Am Ende greift die Volkspolizei mit Schlagstöcken ein. Viele Menschen werden verletzt, 20 verhaftet. Als Polizisten über Lautsprecher verkünden: „Hier spricht die Volkspolizei", fällt wohl zum ersten Mal die Kernbotschaft der Wende: „Wir sind das Volk", ruft die Menge zurück.

3. Oktober

Die DDR schließt ihre Grenzen, indem sie den visafreien Reiseverkehr in die ČSSR „aussetzt".

Lustiges

Was ist die Lieblingssportart von Erich Honecker? Bobfahren! Rechts und links eine Mauer – und es geht ständig bergab ...

Mit Sonderzügen treffen DDR-Flüchtlinge aus der Prager Botschaft in der Bundesrepublik ein.

4. Oktober

Die etwa 7000 DDR-Bürger, die erneut die Prager Botschaft besetzt haben, dürfen ebenfalls in verriegelten Sonderzügen in die Bundesrepublik ausreisen.

5. Oktober

In der Nacht zum 5. Oktober kommt es rund um den Dresdner Hauptbahnhof zu einer Straßenschlacht zwischen Polizisten und etwa 10 000 Demonstranten, die auf die Flüchtlingszüge aufspringen wollen.

Nach Tagen und Wochen der Unsicherheit endlich im sicheren Westen.

6. und 7. Oktober

Die Staatsfeierlichkeiten zum 40. Jahrestag der DDR sind in vollem Gange. Mit dabei ist Michail Gorbatschow. Begrüßt wird er mit „Gorbi, hilf uns"-Rufen.
In einem Interview sagt Gorbatschow den Satz: „Gefahren warten nur auf jene, die nicht auf das Leben reagieren!" Vor dem SED-Politbüro wandelt er ihn ab: „Wenn wir zurückbleiben, bestraft uns das Leben sofort." Sein Pressesprecher Gennadi Gerassimow macht daraus später das welt-berühmte Zitat:

Zitat

„Wer zu spät kommt, den bestraft das Leben!"

Michail Gorbatschow

Die SED-Führung scheint nicht zu verstehen, dass sie gerade droht, sich extrem zu verspäten. Unter Erich Honecker will sie sich und den Sozialismus zum 40. Jahrestag der DDR-Gründung in Berlin feiern. Die Demonstranten hält man gewaltsam von der offiziellen Parade fern.
Mehr und mehr wird auf den Straßen gegen das System demonstriert – und das, obwohl die Staatsführung gewaltsam gegen die Demonstranten vorgeht. Noch schwebt über jeder Demonstration die Gefahr, dass sie – wie einst am 17. Juni 1953 in der DDR und 1956 in Ungarn – mit Waffengewalt brutal niedergeschlagen wird.

9. Oktober

Der Wendepunkt, für viele der Tag der Entscheidung. Wieder demonstrieren DDR-Bürger in Leipzig für Reformen, wie immer friedlich. Die Besonderheit: Diesmal sind es 70 000! Obwohl die DDR-Sicherheitsbehörden geplant hatten, die Demonstration zu verhindern oder, falls dies nicht möglich sein sollte, sie gewaltsam zerschlagen und die „Rädelsführer" verhaften zu lassen, greifen sie an diesem 9. Oktober 1989 nicht ein.

Der friedliche Ausgang ist auch dem Aufruf sechs prominenter Leipziger um Kurt Masur, den Kapellmeister des Leipziger Gewandhauses, zu verdanken. Er, der Theologe Dr. Peter Zimmermann, der Kabarettist Bernd-Lutz Lange und die Sekretäre der SED-Bezirksleitung Leipzig Dr. Kurt Meyer, Jochen Pommert und Dr. Roland Wötzel erklären:

Zitat

„Unsere gemeinsame Sorge und Verantwortung haben uns heute zusammengeführt. Wir sind von der Entwicklung in unserer Stadt betroffen und suchen nach einer Lösung. Wir alle brauchen einen freien Meinungsaustausch über die Weiterführung des Sozialismus in unserem Land. Deshalb versprechen die Genannten heute allen Bürgern, ihre ganze Kraft und Autorität dafür einzusetzen, dass dieser Dialog nicht nur im Bezirk Leipzig, sondern auch mit unserer Regierung geführt wird. Wir bitten Sie dringend um Besonnenheit, damit der friedliche Dialog möglich wird."

Aufruf der Sechs, verlesen von Kurt Masur am Abend des 9. Oktober 1989

Die drei SED-Sekretäre haben ihr Vorgehen nicht mit der Parteiführung abgestimmt – bis dahin fast ein Ding der Unmöglichkeit. Vor Beginn der Demonstration macht der Stadtfunk den Aufruf in der Leipziger Innenstadt öffentlich. Auch in den Kirchen wird er verlesen. Die Demonstranten ziehen friedlich um den Leipziger Innenstadtring.

Unterm Strich: Der 9. Oktober leitete die Wende ein

In den 80er-Jahren ging es mit dem gesamten Ostblock zunehmend bergab. Gorbatschow öffnete mit Perestroika und Glasnost ein Ventil: Er war offen für neue Ideen und verzichtete auf Gewaltandrohungen gegen die Gegner des Systems. Die DDR-Führung folgte zwar stur dem alten, starren Muster und beharrte auf ihrem unumschränkten Herrschaftsanspruch, doch spätestens am 9. Oktober mit der ersten Massendemonstration in Leipzig war klar: Damit würde sie nicht durchkommen. Die Bürger würden sich gegen das System durchsetzen können – der Weg aber war noch nicht klar.

18. Kapitel

In der Nacht zum 22. Dezember beginnt der Abriss der Mauer am Brandenburger Tor.

Ein Zettel bringt den Fall der Mauer

Zwischen dem Tag der Entscheidung, dem 9. Oktober, und dem Fall der Mauer lagen vier Wochen. Das folgende Protokoll zeichnet die wichtigsten Stationen nach.

Countdown bis zur entscheidenden Pressekonferenz

10. und 11. Oktober

Nach einer Krisensitzung erklärt sich das SED-Politbüro bereit, in einen Dialog mit der Bevölkerung zu treten. Für eine Partei und eine Regierung eigentlich eine Selbstverständlichkeit, in der DDR jedoch eine sensationelle Neuerung: Bislang der Überzeugung, alles besser zu wissen und bestimmen zu können, ist das Politbüro nun erstmals bereit, die Ursachen für die vielen Ausreisen und Fluchten auch in der DDR bzw. dem System selbst zu suchen.

16. Oktober

Über 100 000 Menschen demonstrieren in Leipzig. Sie fordern erneut die Zulassung des Neuen Forums, freie Wahlen sowie Reise-, Presse- und Meinungsfreiheit.

17. und 18. Oktober

Ein erbitterter Machtkampf im SED-Politbüro führt zum Sturz Erich Honeckers. Er wird gezwungen, seinen Rücktritt mit gesundheitlichen Beschwerden zu begründen. Egon Krenz wird neuer SED-Generalsekretär. In seiner Antrittsrede verspricht er, einen Gesetzentwurf über Reisen von DDR-Bürgern ins Ausland „vorzubereiten".

23. Oktober

300 000 Menschen demonstrieren in Leipzig, außerdem Zehntausende in Magdeburg, Dresden, Schwerin, Zwickau, Halle, Stralsund und Berlin.

26. Oktober

Die Protestbewegung ergreift das ganze Land: 160 000 DDR-Bürger fordern auf Demonstrationen in Rostock, Erfurt, Gera, Schwerin, Chemnitz, Neubrandenburg, Dresden und Halle freie Wahlen, die Zulassung der Oppositionsgruppen und Reisefreiheit.

2. November 1989

Hohe Funktionäre treten zurück: die ersten SED-Bezirkssekretäre von Suhl und von Gera sowie der Vorsitzende des Freien Deutschen Gewerkschaftsbundes Harry Tisch.

3. November 1989

Egon Krenz kündigt den Rücktritt von fünf Politbüro-Mitgliedern an, und zwar von Stasi-Chef Erich Mielke sowie von Hermann Axen, Kurt Hager, Erich Mückenberger und Alfred Neumann.

Lustiges

Wieso werden die Parteiabzeichen jetzt an den Ohren getragen? Weil das Wasser bis zum Halse steht.

4. und 5. November 1989

Auf dem Ostberliner Alexanderplatz demonstrieren am 4. November 500 000 Menschen. Wieder geht es um Meinungs-, Presse- und Versammlungsfreiheit. Die Volkspolizei hält sich im Hintergrund. Über das Wochenende verlassen 23 200 DDR-Bürger über die ČSSR die DDR in Richtung Bundesrepublik. Allein den oberfränkischen Grenzübergang Schirnding passieren stündlich bis zu 300 Personen. Sie glauben nicht an die Versprechungen der neuen DDR-Regierung unter Egon Krenz.

Demonstration am 4. November

6. November 1989

Die SED-Führung veröffentlicht den Entwurf des angekündigten Reisegesetzes. Er sieht eine begrenzte Reisedauer von 30 Tagen pro Jahr vor. Wie die Reisen finanziert werden sollen, ist nicht geklärt – denn Geld umzutauschen bleibt untersagt.

Auf den Montagsdemonstrationen und anderen Protestmärschen der folgenden Tage ruft die Menge daher spöttisch: „In 30 Tagen um die Welt – ohne Geld" oder fordernd und konkret: „Wir brauchen keine Gesetze, die Mauer muss weg."

8. November 1989

In Ostberlin tagt das SED-Zentralkomitee. Zu Beginn der Sitzung tritt das Politbüro geschlossen zurück. Mehr als 45 000 DDR-Bürger sind in den vergangenen Tagen über die ČSSR in die Bundesrepublik ausgereist. Unter anderem die Schriftstellerin Christa Wolf appelliert an die Ausreisewilligen, in der DDR zu bleiben:

Zitat

„Unübersehbar ist: Jahrzehnte alte Verkrustungen sind in Wochen aufgebrochen worden …"
Christa Wolf

9. November '89 – einer der wichtigsten Tage in der deutschen Geschichte

Die Menschen vertrauen nicht auf das, was ihnen von offizieller Seite gesagt wird. Der Flüchtlingsstrom reißt nicht ab.
In dieser Stimmung macht nicht etwa eine große Rede oder ein dramatisches Ereignis deutsche Geschichte, sondern eine spröde Beschlussvorlage des Ministerrats: Um 17.30 Uhr gibt Egon Krenz sie und die dazugehörige Pressemitteilung dem Sprecher des SED-Zentralkomitees Günter Schabowski. Schabowski ist gerade auf dem Weg zu einer Pressekonferenz im Presseamt/Internationalen Pressezentrum in der Ostberliner Mohrenstraße 38. Im Vorübergehen sagt Krenz zu Schabowski:

Zitat

„Gib das bekannt.
Das wird ein Knüller für uns."
Egon Krenz

Um 18.53 Uhr fragt Riccardo Ehrman, Korrespondent einer italienischen Nachrichtenagentur, Schabowski auf der Pressekonferenz nach dem Reisegesetz. Schabowski antwortet ziemlich umständlich. Schließlich sagt er:

Zitat

„Und deshalb haben wir uns dazu entschlossen, heute eine Regelung zu treffen, die es jedem Bürger der DDR möglich macht, über Grenzübergangspunkte der DDR auszureisen."

Günter Schabowski

Die historische Pressekonferenz im Presseamt mit Günter Schabowski

Auf die Zwischenfrage eines Journalisten: „Ab wann tritt das in Kraft? Ab sofort?", sagt Schabowski um 18.57 Uhr, indem er das ihm zuvor von Krenz („Das wird ein Knüller für uns") übergebene Schriftstück verliest:

Zitat

„Privatreisen nach dem Ausland können ohne Vorliegen von Voraussetzungen – Reiseanlässe und Verwandtschaftsverhältnisse – beantragt werden. Die Genehmigungen werden kurzfristig erteilt. Die zuständigen Abteilungen Pass- und Meldewesen der VPKÄ – der Volkspolizeikreisämter – in der DDR sind angewiesen, Visa zur ständigen Ausreise unverzüglich zu erteilen, ohne dass dabei noch geltende Voraussetzungen für eine ständige Ausreise vorliegen müssen ..."

Günter Schabowski

Ein Journalist hakt nach: „Wann tritt das in Kraft?" Schabowski darauf: „Das tritt nach meiner Kenntnis ... ist das sofort, unverzüglich." Nach einer weiteren Zwischenfrage: „Gilt das auch für Berlin-West?", findet Schabowski schließlich die entsprechende Stelle im Text:

Zitat

„Die ständige Ausreise kann über alle Grenzübergangsstellen der DDR zur BRD bzw. zu Berlin-West erfolgen."

Günter Schabowski

Information

Die Eilmeldungen der Nachrichtenagenturen

Wenige Minuten später, um 19.05 Uhr, verbreitet die Nachrichtenagentur AP als erste die Eilmeldung: „DDR öffnet Grenze". Die Nachricht der Deutschen Presseagentur (dpa) folgt um 19.41 Uhr: „Die DDR-Grenze ... ist offen." Die Agenturmeldungen werden in den Hauptnachrichten um 20.00 Uhr zur absoluten Topmeldung in Fernsehen und Hörfunk. Die „Tagesschau" meldet: „DDR öffnet Grenze!"

Bundesrepublik

Um 20.15 Uhr stehen laut Volkspolizei 80 Ostberliner an den Grenzübergängen Bornholmer Straße, Invalidenstraße und Heinrich-Heine-Straße. Eine gute Stunde später, um 21.30 Uhr, sind es allein am Grenzübergang Bornholmer Straße rund 1000 Menschen.

Zitat

„Ich habe nie geglaubt, dass die Mauer fällt. Als die Grenze offen war, lebte ich in einem Studentenwohnheim in Leipzig. Als ein Kommilitone, ein Parteigenosse, dies mitbekam, sagte er spontan: ‚Das ist das Ende.' Ganz viele Leute bei uns fanden es erst einmal schlecht, viele waren betroffen. Was mich heute genauso wundert wie damals. Für mich ist dies das wertvollste politische Erlebnis meines Lebens."
Wolfgang Marin

Inzwischen ist auch das Westfernsehen mit Kamerateams vor Ort. Als in den „Tagesthemen" live zum Grenzübergang Invalidenstraße geschaltet wird, ist der Grenzübergang noch geschlossen. Nach dem Bericht aber stürmen die Massen die Grenzübergänge. Um 23.00 Uhr wird die Lage in der Bornholmer Straße für die Grenztruppen extrem bedrohlich: Tausende Menschen drängen sich vor ihnen. Der diensthabende Oberstleutnant beschließt, ganz auf Kontrollen zu verzichten. Binnen Minuten rennen Tausende über die Brücke Richtung Westen. Dort werden sie begeistert von Westberlinern begrüßt.
Bis Mitternacht wird die Öffnung aller Berliner Grenzübergänge erzwungen, teilweise sogar von Westberlinern wie am Übergang Invalidenstraße.

Einen Tag nach der Maueröffnung bilden Westberliner Spalier, um Besucher aus der DDR hinter dem Grenzübergang an der Bornholmer Straße zu begrüßen.

„Dieser 9. November ist ein historischer Tag"

Um 22.42 Uhr eröffnet Hanns Joachim Friedrichs, der Moderator der ARD-„Tagesthemen", seine Sendung mit folgenden Worten: „Guten Abend, meine Damen und Herren. Im Umgang mit Superlativen ist Vorsicht geboten, sie nutzen sich leicht ab, aber heute Abend darf man einen riskieren: Dieser 9. November ist ein historischer Tag: Die DDR hat mitgeteilt, dass ihre Grenzen ab sofort für jedermann geöffnet sind, die Tore in der Mauer stehen weit offen."

Bundes-republik

10. November 1989

Für die 12 000 Soldaten der Berliner Grenztruppen löst die Armeeführung um 0.20 Uhr die Alarmstufe „Erhöhte Gefechtsbereitschaft" aus. Da in der Nacht keine weiteren Befehle ausgegeben werden, nehmen die Kommandeure die Alarmstufe auf eigene Verantwortung zurück.

Zwischen 1.00 Uhr und 2.00 Uhr spazieren Tausende von West- und Ostberlinern über den Pariser Platz und durch das Brandenburger Tor. Auf der Mauer tanzen Menschen. Andere strömen zum Kurfürstendamm in Westberlin, um dort bis in den Morgen hinein zu feiern.

Eine Grenze, die jahrzehntelang unüberwindbar schien, ist am Vorabend friedlich eingerissen worden. Doch noch weiß keiner, was das bedeutet und wohin es führt. Auch wenn der Eiserne Vorhang nun ein großes Loch hat, gibt es noch immer zwei sich feindlich gegenüberstehende Machtblöcke. Die für die DDR-Sicherheitsorgane schwierigste Situation herrscht am Brandenburger Tor. Hier besetzen Tausende von Ost- und Westberlinern die Mauer. Am frühen Nachmittag treffen der Regierende Bürgermeister von Westberlin Walter Momper und Willy Brandt ein. Brandt hat als ehemaliger Regierender Bürgermeister und Altbundeskanzler eine besonders enge Beziehung zu Berlin. Dennoch lassen sich die Menschen auf der Mauer von keinem der beiden dazu bewegen, von der Mauer herabzusteigen.

„Jetzt wächst zusammen, was zusammengehört."

Willy Brandt

Die DDR-Regierung versucht, das Steuer wieder in die Hand zu bekommen – und mit der Entwicklung Schritt zu halten. Auf einer Sondersitzung beschließt der Ministerrat, bis zum 14. November weitere sechs innerstädtische Grenzübergänge in Berlin zu schaffen.

Eine jahrzehntelang bestehende, schier unüberwindbare Grenze fällt in wenigen Tagen.

Zitat

„Ich war in Karl-Marx-Stadt, als die Mauer fiel. Wir Systemgegner waren immer eine kleine Gruppe. Die meisten anderen hatten kein Problem mit dem System. Das habe ich so erfahren. Und da hatte diese ganze Euphorie, die auf einmal hochkam, schon etwas Schales für mich."

Elisabeth Lange

Am Abend haben die DDR-Behörden längst nicht mehr das Sagen. Nach 22.00 Uhr werden die Rufe „Die Mauer muss weg!" lauter. Am Potsdamer Platz fangen einige mutige oder auch übermütige Menschen an, die Mauer aufzumeißeln und ihre Rohrauflagen zu demontieren. Die sogenannten Mauerspechte beginnen ihre Arbeit.

Zitat

„Dass da im November einfach Schluss war mit der DDR, das war ein unbeschreibliches Gefühl. Da habe ich mich auch ein klein bisschen geärgert, dass ich das in Berlin nicht mitgekriegt habe, nicht mitfeiern konnte. Schön wäre es natürlich auch gewesen, bei den Ersten gewesen zu sein, die durch die Mauer gehen."

Sven Köberl

22. Dezember 1989:
Das Brandenburger Tor ist offen!

Das DDR-Regime kann nur noch reagieren, nicht mehr agieren – das ist in den vergangenen Tagen und Wochen immer klarer geworden.

Als Schlusspunkt in der Reihe der Grenz-öffnungen folgt kurz vor Weihnachten die Öffnung am Brandenburger Tor, und zwar in Gegenwart des Bundeskanzlers Helmut Kohl und des Ministerpräsidenten der DDR, Hans Modrow.

Unterm Strich:
Der 9. November ist ein historischer Tag

Nach dem 9. Oktober entbrannte im SED-Politbüro ein Machtkampf. Er endete mit der Absetzung Erich Honeckers. Die neue Regierung unter Egon Krenz wollte wieder das Heft in die Hand nehmen, etwa indem sie eine neue Reiseregelung traf. Gerade die Präsentation von deren Entwurf leitete aber am 9. November mit der Öffnung der Berliner Mauer den Zerfall der DDR ein.

Angehörige der DDR-Grenztruppen lösen gemeinsam mit der technischen Ersatzabteilung der Westberliner Polizei Betonsegmente der Mauer aus der Verankerung.

19. Kapitel

WIR SIND EIN VOLK
WIEDERVEREINIGT
AM 3. OKT. 1990

Viele Gedenktafeln erinnern an die Wiedervereinigung.

Die DDR – Zwischen Mauer, Trabi und Club-Cola

Die ganze Welt ändert sich

Während der Wendezeit von 1989 bis 1990 gründeten viele Gegner des DDR-Regimes Bürgerbewegungen und politische Parteien. Nach der deutschen Einheit schlossen sich die Bürgerrechtler dann den unterschiedlichen bundesrepublikanischen Parteien wie SPD und CDU an oder sie blieben parteilos.

| 4. September: Erste Montagsdemonstration in Leipzig | 7. Oktober: Staatsfeierlichkeiten zum 40. Jahrestag der DDR | 18. Oktober: Rücktritt Honeckers, Egon Krenz wird neuer SED-Generalsekretär. | 8. November: Das Politbüro tritt geschlossen zurück. |

1989

| 2. Mai: Ungarn baut Grenzanlagen zu Österreich ab. | 30. September: DDR-Bürger in der westdeutschen Botschaft in Prag dürfen in die Bundesrepublik ausreisen. | 9. Oktober: 70 000 Menschen demonstrieren friedlich in Leipzig, die DDR-Sicherheitsbehörden greifen nicht ein. |

Bürgerbewegungen oder wie „erfindet" man eine Demokratie

Nach dem Fall der Mauer war es auf einmal möglich, die DDR zu verändern, und zwar in einem nie erhofften Maße. Doch wie kann man eine Diktatur in eine Demokratie verwandeln?

Neue demokratische Parteien gab es 1989 in der DDR noch nicht. Allerdings meldeten sich im Laufe des Jahres viele Gruppen mit neuen Ideen und Programmen zu Wort. Eine Partei zu gründen war zu diesem Zeitpunkt noch nicht erlaubt. Im März 1989 veröffentlichte die Initiative Frieden und Menschenrechte einen landesweiten Aufruf. In ihm forderte sie mehr Rechte für alle DDR-Bürger.

Viele andere Gruppen folgten. Darunter waren sogenannte Initiativgruppen, die Partei- oder Vereinsgründungen vorbereiteten: zuerst, im August, die Initiative zur Gründung einer Sozialdemokratischen Partei (SDP), im September folgten die linke Plattform Vereinigte Linke, die Bürgerbewegungen Demokratie Jetzt, im Oktober der Demokratische Aufbruch, die Grüne Partei, die Grüne Liga und der Unabhängige Frauen-Verband.

Nur wenige junge Leute gehörten zu den Gründern. Während sich an den Aktionen auf der Straße vor allem junge Menschen beteiligten, übernahmen in den Gremien und Gruppen die Älteren das Ruder.

In ihren Aufrufen verlangten alle Gruppen eine Reform des DDR-Staates, nicht zuletzt, um die Massenflucht zu stoppen. Am 4. Oktober 1989 formulierten Vertreter der wichtigsten Oppositionsgruppen in einer gemeinsamen Erklärung ihre Hauptforderungen: Demokratisierung, freie und geheime Wahlen und die Freilassung der inhaftierten Regimegegner.

Beispiel Demokratischer Aufbruch

Die oppositionelle Gruppe Der Demokratische Aufbruch – sozial + ökologisch (DA) entstand aus einer Initiativgruppe und setzte sich überwiegend aus Vertretern der Kirche zusammen. Zu ihr gehörten die zwei prominenten Pfarrer Rainer Eppelmann und Pfarrer Friedrich Schorlemmer. Am Anfang forderte der Demokratische Aufbruch noch,

10. November:
Am Potsdamer Platz fangen
die ersten Menschen an,
die Mauer aufzumeißeln.

23. August:
Die DDR tritt mit
Wirkung zum 3. Oktober 1990
der Bundesrepublik bei.

21. November:
Der Kalte Krieg wird
offiziell für beendet
erklärt.

1990

9. November:
Die DDR-Führung
öffnet die Grenze.

18. März:
Erste demokratische
Volkskammerwahl
in der DDR

12. September:
Zwei-plus-Vier-
Vertrag wird
unterzeichnet.

2. Dezember:
Die erste gesamt-
deutsche Bundestags-
wahl findet statt.

das DDR-System zu reformieren. Später ging es ihm um mehr, nämlich um ein neues System. Die Gruppe war innerhalb der eher links ausgerichteten neu gegründeten Oppositionsbewegungen relativ konservativ.

Beispiel Neues Forum

Am 9. und 10. September 1989 gründete sich das Neue Forum (siehe Kapitel 18). Zu diesem Zeitpunkt wurde es jedoch in alter Manier nicht zugelassen. Zur Begründung hieß es: „Ziele und Anliegen der beantragten Vereinigung widersprechen der Verfassung der DDR und stellen eine staatsfeindliche Plattform dar." Erst am 8. November, einen Tag vor der Maueröffnung, wurde der Antrag auf Zulassung offiziell entgegengenommen. Da war das Neue Forum bereits zur wichtigsten und größten Bürgerbewegung im Herbst 1989 herangewachsen.

Der Runde Tisch: Wie „lebt" man Demokratie?

Der Runde Tisch trat am 7. Dezember 1989 zum ersten Mal zusammen. Hier wollten die Vertreter verschiedener Institutionen die neuen Entwicklungen gleichberechtigt bewältigen und tragfähige Kompromisse finden. Runder Tisch hatte man als Namen für die Zusammenkünfte gewählt, da es an einem solchen keinen Kopf und somit keinen Vorsitz gibt.

Im Vordergrund stand für alle die Frage: Wie soll es weitergehen? Und wohin? Zu dieser Zeit hatten noch viele eine Zwei-Staaten-Lösung im Sinn: mit der „alten" Bundesrepublik und einer reformierten DDR. Zugleich tauchte aber auch zum ersten Mal die Idee eines wiedervereinten Deutschlands auf.

Von November 1989 bis März 1990 Vorsitzender des Ministerrates der DDR war Hans Modrow, bis zur Volkskammerwahl im März 1990 einer der auf Staatsebene wichtigsten Gesprächspartner für den Runden Tisch.

In den Landkreisen und sogar in den Städten wurde eine Vielzahl runder Tische eingerichtet. Sie arbeiteten meist bis zu den Kommunalwahlen am 6. Mai 1990. Die letzte Sitzung des zentralen Runden Tisches fand am 12. März 1990 statt.

Stimmungen und Eindrücke aus der Wendezeit

In der Wendezeit hatten viele DDR-Bürger zum ersten Mal die Gelegenheit, den Westen und besonders die Bundesrepublik kennenzulernen. Viele unternahmen „Erkundungsfahrten" in den Westen. Zugleich deutete sich schon bald an, dass vieles aus der DDR verloren gehen würde. Ob für immer, war noch nicht klar. Genauso wenig wie die Antwort auf die Frage, was nun werden würde:

„Die Mauer war für uns nur einen Besuch wert, wenn wir Besuch aus dem Westen bekamen. Dann musste ich den Stadtführer machen. Nach dem Mauerfall kam bis in den Februar 1990 hinein die ganze Verwandtschaft aus dem Westen und auch aus dem Osten. Als alle Verwandten durch waren und die Ersten noch mal kommen wollten, haben meine Frau und ich gesagt: ‚Nee, jetzt wollen wir auch mal wieder für uns ein Wochenende haben.'"
Klaus Vester

„Einer der ersten Eindrücke im Westen ging durch die Nase: Der Westen riecht komisch. Da war der unbekannte Essensgeruch auf dem Ku'damm in Berlin, all die intensiv riechenden Gewürzmischungen von Pizzen oder Döner. Selbst beim Bäcker roch es anders als bei uns in der DDR: nicht einfach nach Mehl, sondern nach Käsebrötchen."
Elisabeth Lange

„Der erste Besuch in Westdeutschland bei einem Freund in Braunschweig war teilweise ein Schock, richtig erschütternd. Er führte mich ausgerechnet in das Rotlichtviertel. Dort saßen die Frauen in den Schaufenstern. Frauen, die sich verkaufen müssen: Das fand ich richtig heftig. Und anschließend gingen wir ins Kino in ‚Friedhof der Kuscheltiere'."
Wolfgang Marin

„Bei meinem ersten Ausflug in den Westen habe ich den ersten Obdachlosen meines Lebens gesehen. In Hamburg. Ich fand das furchtbar, genauso wie man uns das in der DDR immer erzählt hatte. Aber der Besuch im ‚Phantom der Oper' war super."
Mandy Schlüter

„Direkt nach der Wende sind wir mit einer Reisegesellschaft in einem Bus in den Westen gefahren. Als wir auf einem Parkplatz hielten, haben uns echt einige Wessis Bananen hineingeworfen. Für wen haben die uns denn gehalten?"
Hannes Obermann

„Das Begrüßungsgeld durfte ich in Berlin mit in Empfang nehmen. Da war alles so bunt. Und an die Spielzeuggeschäfte erinnere ich mich noch heute gut. Ich musste überzeugt werden, nicht alles zu kaufen. Vor einem Supermarkt bin ich auf eines dieser Spielautos oder wie die heißen gestiegen, ein Fahr- oder eher Schüttelgerät, genauer: ein rosa Schweinchen. Da saß ich dann drauf und fand es schon auch beängstigend, aber vor allem total toll, so etwas mal zu erleben."
Uschi Wörner

„Als ich das erste Mal im Westen war, sah ich, dass es an den Grenzanlagen auf der Westseite einen Ausguck Richtung Osten gab. So wie im Zoo. Ich war gekränkt und empört."
Mandy Schlüter

„Ich war sechs Jahre alt, als die Mauer fiel. Für mich war das erst mal extrem schlimm, denn ich wollte Pionier werden. Immer hatte ich mit Bewunderung gesehen, wie die Pioniere aufmarschieren durften. Und das gab es nun alles für mich nicht. Ich brauchte Zeit, das zu akzeptieren. Auf einmal war eben alles so neu. Ich habe damals eine ganze Zeit nicht gefrühstückt, weil mein geliebter und gewohnter Sirup nicht mehr zu haben war."
Uschi Wörner

„Das erste Mal im Westen waren wir 1989 zum Weihnachtsmarkt in Lübeck. Das war schon aufregend. Alles war so bunt, nicht nur die Adventslichter. Bei uns war doch alles eher grau. Erst mussten wir lange in der Schlange stehen, um unser Begrüßungsgeld zu bekommen. Davon wollte ich mir dann gleich etwas in einem Westgeschäft kaufen: schwarze Stiefel mit lila Schaft. Leider standen keine in meiner Größe im Regal. Ich war schon enttäuscht. Da sagte eine andere Kundin zu mir und meiner Mutter: ,Die Verkäuferin kann doch mal ins Lager schauen, ob sie in deiner Größe da sind.' Und natürlich waren sie in meiner Größe da! Dass man genau das kaufen kann, was man möchte – das war wirklich neu für mich."
Mareike Schnellenkamp

„Ich hatte eine wunderschöne Kindheit, beschützt, und das System hat für uns Kinder viel gemacht. Ich konnte zum Beispiel jeden Sommer mit der Jugendgruppe ins Ferienlager verreisen. Und bis zu einem gewissen Alter war das ja auch relativ politikfrei. Aber ich mag diese ganze Ostalgie nicht. Die Leute waren eingesperrt, das haben sie leider vergessen."
Peter Schulze

„Als wir ein Jahr nach der Wende mit unserem Internatschor auf Tournee in den Ruhrpott gingen und dort bei Familien untergebracht werden sollten, wurden wir vorher von unseren Lehrern ,geschult': Wenn uns die Gasteltern zum Beispiel zeigen würden, wie man Kakao anrührt, und zwar in allen Einzelschritten, dann sollten wir höflich Erstaunen vorspielen. Oder so. Es sei ja nur gut gemeint, sie wollten uns eben die Welt zeigen."
Mandy Schlüter

Die erste und letzte freie Wahl zur Volkskammer

Die Volkskammerwahl vom 18. März 1990 war die erste und gleichzeitig letzte Wahl des Parlaments der DDR, die demokratischen Grundsätzen entsprach. Sieger wurde das Wahlbündnis Allianz für Deutschland, bestehend aus der ehemaligen Blockpartei Christlich Demokratische Union (CDU), der neu gegründeten Deutschen Sozialen Union (DSU) und dem Demokratischen Aufbruch (DA).
Die ebenfalls neu gegründete Sozialdemokratische Partei (ursprünglich SDP, nun – wie in der Bundesrepublik – SPD) wurde, obwohl unmittelbar zuvor noch als Favoritin gehandelt, zur zweitstärksten Kraft.
Den SPD-Spitzenkandidaten Ibrahim Böhme enttarnte man später als Inoffiziellen Mitarbeiter der Stasi – so wie viele andere, die im vereinten Deutschland Karriere machen wollten.
Die Wahlbeteiligung lag bei 94 Prozent, dies war die höchste Beteiligung an einer deutschen Wahl überhaupt.

Und das Ausland?

Was fehlte, war das Einverständnis der Alliierten zur deutschen Einheit, also der USA, der UdSSR, Frankreichs und Großbritanniens, sowie der anderen westlichen Verbündeten Deutschlands. Schließlich bedeutete die deutsche Einheit nicht nur das Ende des Kalten Krieges. In Mitteleuropa würde mit dem vereinigten Deutschland vielmehr ein neuer großer und starker Staat entstehen. Bundeskanzler Helmut Kohl traf sich am 16. Juli 1990 mit Gorbatschow in dessen kaukasischer Heimat. Gorbatschow hatte nichts gegen ein vereintes Deutschland als Mitglied der NATO. Er stellte lediglich die Bedingung, auf die NATO-Ausdehnung Richtung Ostdeutschland zu verzichten, solange sich sowjetische Truppen auf dem Gebiet der DDR befanden. So entstand eine kuriose Situation: Die DDR existierte nicht mehr, auf ihrem ehemaligen Territorium standen Truppen des Warschauer Paktes. Mit der Wiedervereinigung aber gehörte dieses Gebiet zur NATO. Der Abzug der sowjetischen Truppen wurde in einem Sondervertrag geregelt. Die Bundesrepublik verpflichtete sich darin, als Gegenleistung für den Abzug die Bundeswehr auf 370 000 Soldaten zu begrenzen und auf ABC-Waffen auch künftig zu verzichten. Außerdem gewährte Deutschland der UdSSR einen Sofortkredit in unbekannter Höhe (geschätzt werden bis zu 15 Milliarden DM, also etwa 7,5 Milliarden Euro).

Statt eines Friedensvertrages: der Zwei-plus-Vier-Vertrag

Ein weiterer Meilenstein zur deutschen Einheit war der Zwei-plus-Vier-Vertrag. Der „Vertrag über die abschließende Regelung in Bezug auf Deutschland" ist ein Staatsvertrag zwischen der DDR und der Bundesrepublik Deutschland auf der einen sowie Frankreich, den Vereinigten Staaten von Amerika (USA), Großbritannien und der Sowjetunion auf der anderen Seite. Er machte endgültig den Weg frei für die Wiedervereinigung Deutschlands und wurde am 12. September 1990 in Moskau unterzeichnet. Am 15. März 1991 trat er in Kraft. Der Vertrag regelt in zehn Artikeln außenpolitische Fragen der deutschen Vereinigung. Das wichtigste Ergebnis war die Wiederherstellung der deutschen Einheit und die Wiedererlangung der „vollen Souveränität Deutschlands über seine inneren und äuße-ren Angelegenheiten". Vorher konnten die Alliierten immer bei deutschen Angelegenheiten mitreden, zum Beispiel unterstanden die in Deutschland stationierten Militärs, etwa die der US-Amerikaner, immer einer eigenen Gerichtsbarkeit und einer eigenen Militärpolizei.

Ein weiterer Schritt der dramatischen Wendezeit in Deutschland wurde dann am 21. November 1990, also kurze Zeit nach der deutschen Wiedervereinigung, gegangen, als man den Kalten Krieg formell für beendet erklärte. In der Charta von Paris verpflichteten sich 34 europäische Staaten, unter ihnen mit zum Beispiel Polen oder Ungarn auch ehemalige Ostblockstaaten, zur Demokratie als Regierungsform und zur Achtung der Menschenrechte.

Nach 45 Jahren: die deutsche Einheit

Die Menschen in der DDR wollten keine Zwei-Staaten-Lösung, sondern die Vereinigung mit Westdeutschland, das zeichnete sich sehr schnell ab. Was zu diesem Ergebnis beitrug, war die Sorge um die immer stärker zerfallende Wirtschaft im Osten. Der Westen mit seiner D-Mark und dem ausgebauten sozialen Netz aus Renten-, Arbeitslosen- und Krankenversicherung galt vielen in der DDR als sicherer Hafen. Im März 1990 begannen schließlich die Verhandlungen der neuen DDR-Führung unter Lothar de Maizière und der Kohl-Regierung. Sie führten zunächst zur Unterzeichnung eines Staatsvertrags über eine Wirtschafts-, Währungs- und Sozialunion. Kurze Zeit später, am 1. Juli 1990, trat sie bereits in Kraft – die Deutsche Mark (DM) wurde damit offizielles Zahlungsmittel in der DDR. In einer Fernsehansprache an diesem Tag prognostizierte Bundeskanzler Helmut Kohl (CDU) eine florierende wirtschaftliche Entwicklung, er sprach von „blühenden Landschaften". Dies war eine grobe Fehleinschätzung, wie sich später herausstellte. Ganze Industriestandorte gingen förmlich zugrunde und im Osten Deutschlands kam es zu einer hohen Arbeitslosigkeit.

Am 23. August 1990 trat die DDR mit Wirkung zum 3. Oktober 1990 der Bundesrepublik bei. Am selben Tag löste sich die DDR-Volkskammer auf. Ihre Legislaturperiode hatte somit nur gute sechs Monate gedauert. Am 2. Dezember 1990 folgte die erste gesamtdeutsche Bundestagswahl. Die DDR existierte nicht mehr. Auf ihrem Territorium entstanden die Bundesländer Berlin, Brandenburg, Mecklenburg-Vorpommern, Sachsen, Sachsen-Anhalt und Thüringen. Der 3. Oktober ist heute der deutsche Nationalfeiertag.

Lothar de Maizière (links)

Unterm Strich:
Die Einheit kam schneller als gedacht

Nach der Öffnung der Mauer zerfiel die DDR zusehends. Eine als unüberwindbar geltende Grenze und ein als unüberwindbar geltendes System zerfielen binnen Monaten und rissen eine ganze Weltordnung mit sich. Im Innern Deutschlands öffnete sich der Weg zur deutschen Einheit schneller als gedacht. Da dies in Abstimmung mit den Alliierten und den europäischen Nachbarländern ausgehandelt wurde, einigte man sich so nach dem verlorenen Zweiten Weltkrieg endlich auf eine friedliche und freiheitliche Regelung für das gesamte Deutschland.

20. Kapitel

Das DDR-Sandmännchen

Die DDR – Zwischen Mauer, Trabi und Club-Cola

Die DDR wird abgewickelt

Nachdem alle rechtlichen Fragen rund um die Wiedervereinigung geklärt waren, galt es, die Deutsche Einheit umzusetzen. Das bedeutete, zwei sehr unterschiedliche Staaten zu einem einzigen zu machen. Da die DDR der Bundesrepublik beitrat, mussten sich vor allem die DDR-Bürger umstellen: Gleichsam von einem Tag auf den anderen änderte sich für die Ostdeutschen ein Gutteil ihres Lebens: Wirtschaft, Gesellschaft, Recht, soziale Absicherung und politisches System. Übrig geblieben ist dabei nicht viel von der alten DDR. Was manche bedauern. Zu Recht?

Die Treuhandanstalt: Wie wickelt man eine Volkswirtschaft ab?

Mitte Juli 1990 wurde die Treuhandanstalt („Treuhand") gegründet. Sie sollte die Volkseigenen Betriebe (VEB) der DDR in die Marktwirtschaft überführen, also aus staatlichen Planbetrieben marktwirtschaftliche Unternehmen machen. Sollte das im Einzelfall nicht möglich sein, sei der jeweilige Betrieb stillzulegen. Meist war es nicht möglich. Viele Firmen der DDR hatten einfach keine Chance, sich gegen die Konkurrenz durchzusetzen, etwa die in der Automobilbau-Branche, traditionell ein immens wichtiger Zweig der deutschen Wirtschaft.

Die Produktivität der DDR-Industrie war im Vergleich zu der in Westdeutschland auf einem sehr niedrigen Stand. So betrug das Ost-Bruttoinlandsprodukt (BIP) pro Einwohner nur etwa ein Viertel des westdeutschen Wertes, sprich, die Bundesrepublik stellte innerhalb eines Jahres viermal so viele Waren her bzw. bot Dienstleistungen an wie die DDR. Um doch noch so viele Firmen wie möglich zu retten, floss nach der Wende ein großer Teil der Investitionen in die Reparatur der veralteten Anlagen. Die Treuhand übernahm eine unglaublich komplexe Aufgabe:

Zitat

„In der DDR konnte man bequem alle Verantwortung abgeben. Da haben sich dann Staat und Partei um einen gekümmert. Heute leben wir alle in der ‚Risikogesellschaft‘. Und in einer pluralistischen noch dazu. Da wird dann eigenes Versagen oder ganz einfach Unvermögen und Orientierungslosigkeit schnell dem ganzen System angelastet."

Elisabeth Lange

Zu ihr gehörten mit einem Schlag rund 8500 Volkseigene Unternehmen mit etwa vier Millionen Beschäftigten in rund 45 000 Betrieben, außerdem rund 2,4 Millionen Hektar land- und forstwirtschaftliche Flächen, das Vermögen des Stasi-Ministeriums wie zum Beispiel Grundstücke und Gebäude, Immobilien der Nationalen Volksarmee sowie viele Wohngebäude. Im Oktober 1990 kam noch das Vermögen der Parteien und von Massenorganisationen wie

der FDJ dazu. In den Volkseigenen Betrieben der DDR hatte man immer rund 15 Prozent mehr Werktätige beschäftigt als nötig. So konnte man unter anderem vorgaukeln, es gäbe im Sozialismus keine Arbeitslosigkeit. Aus diesem Grund, wegen des niedrigen technologischen Standards und weil die Nachfrage nach DDR-Produkten extrem schnell sank (die Ostdeutschen bevorzugten Westprodukte), brachen direkt nach der Wende sehr viele Volkseigene

Betriebe zusammen. Somit sank nach Privatisierung, Sanierung und Stilllegung die Zahl der Beschäftigten von über vier Millionen auf etwa 1,5 Millionen. Auch wenn das nicht die Schuld der Treuhand war, entwickelte sich in den neuen Bundesländern eine große Wut auf die Behörde. Dazu kamen andere Gründe, die dem Ansehen der Treuhand schadeten, wie etwa Betrugsfälle im Umfeld der Treuhand-Arbeit und das arrogante Auftreten westdeutscher Mitarbeiter, die schnell als Besserwessis (siehe unten) verschrien waren. Dennoch: Der Ostteil des frisch wiedervereinigten Deutschlands profitierte von den immensen Transferzahlungen aus dem Westen. Mit ihrer Hilfe wurde die marode Infrastruktur wie Straßen und Telekommunikation erneuert und das bundesrepublikanische Sozialsystem mit Kranken-, Renten- und Sozialversicherung im Osten ausgebaut.

Das Ende der Stasi

Eine wichtige Aufgabe direkt nach der Wende war es, ein Hauptinstrument der SED-Überwachung abzuschaffen: die Stasi. Noch im November 1989 wurde das Ministerium für Staatssicherheit in Amt für Nationale Sicherheit (AfNS) umbenannt und seine Befugnisse wurden beschnitten. Das konnte allerdings nicht deren Auflösung Anfang 1990 verhindern. Die Stasi hatte ihre Macht verloren.
Am 13. November 1989 sprach Stasi-Chef Erich Mielke zum ersten Mal vor dem Parlament der DDR, der Volkskammer. Er sagte die vor dem Hintergrund von systematischer Drangsalierung unglaublichen Worte:

Zitat

„Ich liebe – Ich liebe doch alle – alle Menschen – Na, ich liebe doch – Ich setzte mich doch dafür ein!"

Erich Mielke

Sie wurden mit lautem Gelächter beantwortet und gehören zu den meistzitierten Worten der Wendezeit.

Zitat

„Wer im Osten beim Fall der Mauer Kind oder Jugendlicher war, für den ist mit der DDR die ganze Kindheit verloren gegangen, wenn er keinen anderen Halt hatte. Ich trauere der DDR nicht nach. Ich hatte aber eine geile Kindheit, am Meer, an der Ostsee. Wir hatten ja auch keine Angst vor Kriminellen. Der Schlüssel wurde einfach unter die Fußmatte gelegt. Obwohl ... trotzdem waren die Gefängnisse voll. Und dann die Kirche. In der DDR war die Kirche eine schöne Kirche. Es war ein schönes Kirchenleben, eine richtige Gemeinschaft. Im Westen später, in Hamburg bei der Konfirmation, das fand ich schrecklich, nur Kommerz. In der DDR habe ich Kirche ganz anders erlebt. Aus der Not musste man sich zusammentun. Es war heimelig."

Maren Schüler

Zeit für Aufklärung: die BStU

Die Stasi häufte fast 40 Jahre lang Material über Millionen von Menschen an: Sie dokumentierte, wie sie DDR-Bürger ausspionierte und ihr Leben manipulierte (siehe Kapitel 8). Den Opfern der Stasi zu ihrem Recht zu verhelfen und sie also darüber aufzuklären, was die Stasi über sie wusste und wie sie ihr Leben beeinflusst hat, ist Aufgabe der Bundesbeauftragten für die Unterlagen des Staatssicherheitsdienstes der ehemaligen Deutschen Demokratischen Republik. Erster Leiter der Behörde war der Pfarrer Joachim Gauck. Wegen ihres langen amtlichen Titels wurde sie damals einfach Gauck-Behörde genannt. Seit Marianne Birthler die Leitung im Oktober 2000 übernahm, heißt sie entsprechend oft auch schlicht Birthler-Behörde.

Ihre wichtigste Aufgabe ist die Sicherung und Öffnung aller noch vorhandenen Akten der Stasi. Vor allem soll sie den Stasi-Opfern sämtliche Informationen zugänglich machen, die der Geheimdienst über sie gesammelt hat.

Damit konnten zum ersten Mal überhaupt Bürger Unterlagen einsehen, die ein Geheimdienst über sie angelegt hat.

Zeit für Gerechtigkeit: Mauerschützen- und Politbüro-Prozesse

Wer war verantwortlich für die Todesschüsse an der deutsch-deutschen Grenze (siehe Kapitel 7)? Dieser Frage ging 1996 das höchste deutsche Gericht nach, das Bundesverfassungsgericht. Auf dessen Grundsatzentscheidung hin wurden in den sogenannten Mauerschützen-Prozessen rund 120 Grenzsoldaten wegen Totschlags oder Mordes zu Bewährungs- und Freiheitsstrafen verurteilt. Im Politbüro-Prozess von 1997 verurteilte man dann auch die Politbüro-Mitglieder Egon Krenz, Günter Schabowski und Günther Kleiber wegen der Todesschüsse zu mehrjährigen Haftstrafen.

Der einst mächtigste Mann der DDR, Erich Honecker, war bereits 1992 wegen des Schießbefehls an der innerdeutschen Grenze angeklagt worden. Das Verfahren gegen ihn wurde aber aufgrund seines schlechten Gesundheitszustandes eingestellt.

Die Mauer wird Museumsstück

Als die Währungsunion am 1. Juli 1990 in Kraft trat, wurden die Bewachung der Mauer und Grenzkontrollen ganz eingestellt. Schon davor, am 13. Juni 1990, hatte man in der Bernauer Straße (siehe Kapitel 6) mit ihrem offiziellen Abriss begonnen. Am 30. November 1990 war die Mauer innerhalb Berlins vollständig abgerissen. Man ließ nur sechs Abschnitte als Mahnmale stehen. Die Mauer an der Berlin-Brandenburgischen Grenze, also um Berlin herum, verschwand bis zum November 1991 komplett.

Der Eiserne Vorhang hebt sich.

Von Künstlern bemalte Mauersegmente

Von Künstlern bemalte Mauersegmente wurden 1990 auf Auktionen in Berlin und Monte Carlo versteigert. Sie stehen heute in der ganzen Welt, zum Beispiel am Sitz des US-Geheimdienstes CIA oder im Vatikan, aber auch in Deutschland: im Haus der Geschichte in Bonn.

Lustiges

Honecker kommt von einem Amtsbesuch aus Bonn spätabends zurück nach Ostberlin. Die ganze Stadt ist hell erleuchtet, doch auf den Straßen ist kein Mensch zu sehen. In den Räumen sämtlicher Ministerien brennt Licht, aber sie sind wie ausgestorben. Er lässt sich von seinem Chauffeur durch die Stadt fahren – keine Menschenseele. Schließlich kommt er an die Berliner Mauer, lässt sich ein Stück entlangfahren und findet endlich ein riesiges Loch darin. Daneben ein handgeschriebener Zettel: „Erich, du bist der Letzte, wenn du rausgehst, mach das Licht aus."

Mauer im Kopf?

20 Jahre nach dem Fall der Mauer glauben einige Menschen, es gebe immer noch eine Mauer, und zwar im Kopf: Sie sehen in der Art zu denken große Unterschiede zwischen Menschen aus dem Osten und dem Westen. Seit der Wende bezeichnet der Begriff Wessi alle Bürger der alten Bundesländer (der Bundesrepublik) und Westberlins. Im Gegensatz dazu steht die Bezeichnung Ossi für ehemalige DDR-Bürger bzw. Deutsche, die jetzt im Osten leben. Gleichzeitig entwickelten sich auch Wessi- und Ossi-Witze.

Der Begriff Wessi hat in den neuen Bundesländern noch heute einen negativen Beigeschmack, besonders in der Erweiterung Besserwessi. Der Begriff resultiert aus den Belehrungen der Westdeutschen. Insbesondere direkt nach der Wende meinten viele, den Ostdeutschen erklären zu müssen, wie Demokratie und Marktwirtschaft funktionieren. Auch der Begriff Ossi hat einen abwertenden Einschlag, wenn man damit einen eher trägen, fast schon lebensunfähigen Menschen meint, der nicht bereit ist, Eigeninitiative zu entwickeln.

Zitat

„Ich jobbte kurz nach der Wende in einem Westbetrieb am Fließband. Da wollte mir eine Kollegin aus dem Westen wohl etwas Nettes sagen. Sie meinte: ‚Also, ich hab ja nichts gegen Ostdeutsche. Wir haben zum Beispiel ein Pony. Das ist auch aus dem Osten.'"

Mandy Schlüter

Für Kinder und Jugendliche gibt es solche Unterscheidungen kaum. Sie kennen eher Berliner und Hamburger oder Bayern und Sachsen. In Zeiten von Internet und SchülerVZ gibt es für sie keinen begrenzten Gedankenaustausch mehr, genauso wenig wie unüberwindliche Staatsgrenzen in Europa.

Ostalgie oder war wirklich alles besser?

Nach all den einschneidenden Veränderungen im Osten und nachdem nunmehr 20 Jahre seit dem Fall der Mauer vergangen sind, neigen manche zur Nostalgie. So schlecht sei doch alles gar nicht gewesen. Für deren Sehnsucht nach der – vermeintlich – guten alten Zeit wurde der Begriff „Ostalgie" geprägt. Er setzt sich aus den Worten „Osten" und „Nostalgie" zusammen und meint so etwas wie „Heimweh nach dem Osten". Was dabei auf der Strecke bleibt, ist die Wahrnehmung der DDR als Diktatur, die ihre Bürger bespitzelte, drangsalierte und mit einer Mauer regelrecht einsperrte.

Zitat

„Mein erster Gedanke zum Fall der Mauer: Warum freuen die sich denn alle so? Meine Welt war doch damals für mich als 14-Jährige in Ordnung. Ich hatte ja mit Politik nichts zu tun."

Mareike Schnellenkamp

Für viele Menschen, vor allem junge, ist die Ostalgie aber wahrscheinlich nichts weiter als ein Trend, der ohne tiefere Bedeutung DDR-Requisiten nutzt. Ein Beispiel hierfür sind Ostalgie-Partys, auf denen Erich-Honecker-Doubles auftreten, DDR-Musik gehört oder DDR-typische Club-Cola getrunken wird.

Zitat

„In der DDR war alles übersichtlich und strukturiert. Ich bekam in der Schule und in der Freizeit, also bei den Pionieren und in der FDJ, Bestätigung. Ich hatte eine schöne Kindheit. Natürlich auch durch meine Eltern und Freunde. Und das war ja unabhängig von der DDR. Als die Wende kam, habe ich mich, glaube ich, in der Schule zuerst gegen die neuen Bücher gewehrt. Warum sollte das jetzt auf einmal alles anders sein? Ich wollte damals unbedingt Krankenschwester werden: In der DDR hätte ich das mit 16 schon gedurft. In der neuen Bundesrepublik ging das aber erst ab 17. Das fand ich extrem unfair. Heute bin ich sehr froh darüber, so viele Möglichkeiten zu haben und in Hamburg selbstständig als Friseurmeisterin zu arbeiten. Und ich vermisse nichts mehr von der DDR. Ich finde es gut, beides kennengelernt zu haben: die Disziplin und Ordnung in der DDR und die Freiheit. In die bin ich dann gut hineingewachsen."

Mareike Schnellenkamp

Ein Maskottchen der „Ostalgiker" ist das ostdeutsche Ampelmännchen, das heute T-Shirts, Kappen und Taschen ziert. Weitere inzwischen zum Kult gewordene Figuren aus der DDR-Zeit sind die TV-Figuren Pittiplatsch und Schnatterinchen sowie das Sandmännchen.
Von 1959 bis 1990 gab es drei verschiedene Sandmännchen in den TV-Sendern des geteilten Deutschlands. Alle drei sind kleine Männer mit weißem Bart und Zipfelmütze. Seit 1991 wird nur noch die Ostversion des Sandmännchens gezeigt.

Ampelmännchen

„Den ganzen Ostkult finde ich gefährlich. Das ist so wenig reflektiert. Das regt mich teilweise richtig auf. Ich weigere mich strikt, so etwas zu verherrlichen und zu sagen, das war etwas ganz Tolles. Ich habe nichts gegen das lustige Ampelmännchen, aber ich und meine Familie haben die DDR eben als Diktatur erlebt. Kultstatus? Die DDR war kein Kult."

Maren Schüler

Und was ist geblieben?

Bei allen Unterschieden zwischen Ost und West: Seit dem Fall der Mauer und der Wiedervereinigung ist ein neuer, gesamtdeutscher Staat entstanden mit nunmehr 20 Jahren gemeinsamer und ungeteilter Geschichte.

„Ich bin froh, dass es die DDR nicht mehr gibt. Was ich aber manchmal vermisse, ist, dass alles Gewicht hatte, was man sagte. Man wurde gehört, wenn man sich kritisch über die Zustände äußerte und gegen sie angehen wollte. Das war zwar immer riskant, aber es hatte auch etwas Zorromäßiges. Das fühlte sich gut an."

Elisabeth Lange

Unterm Strich: Extreme Veränderungen für viele, Einheit für alle

Die deutsche Einheit veränderte das Leben der DDR-Bürger stark. Für sie ging viel Bekanntes verloren und sie mussten sich binnen kurzer Zeit in Demokratie und Marktwirtschaft einrichten. Viele verloren dabei ihren Job, einige konnten nicht Schritt halten. Aber eine Menge Menschen nutzten die ganz neuen Chancen. Ganz gleich, wie man heute dazu steht: Die vereinigte Bundesrepublik sperrt niemanden hinter einer Mauer ein und kennt keinen Schießbefehl.

Das Ost-Sandmännchen ist da   jetzt auch im Westen!

AlliiertenMuseum

Der größte Teil der Ausstellungsfläche im AlliiertenMuseum zeigt in einer Dauerausstellung die fast 50-jährige Präsenz der Westmächte in Berlin.
www.alliiertenmuseum.de

BStU

Die Website der Bundesbeauftragten für die Unterlagen des Staatssicherheitsdienstes der ehemaligen Deutschen Demokratischen Republik, besonders interessant: die Inhalte hinter der Schaltfläche „Bildung"
www.bstu.bund.de/cln_030/DE/Home/homepage_node.html_nnn=true

Bundesstiftung zur Aufarbeitung der SED-Diktatur

Die Stiftung ist Anlaufstelle für alle, die sich mit den unterschiedlichen Aspekten der Ursachen, der Geschichte und der Folgen der SED-Diktatur und der deutschen Teilung beschäftigen.
www.stiftung-aufarbeitung.de

Bundeszentrale für politische Bildung: Chronik der Mauer

Jede Menge Informationen, Links und Materialien
www.chronik-der-mauer.de

Bundeszentrale für politische Bildung: Deutsche Teilung – Deutsche Einheit

Eine Fundgrube an Informationen rund um 40 Jahre deutsch-deutsche Geschichte
www.bpb.de/themen/IKD9X1,0,0,Deutsche_Teilung_Deutsche_Einheit.html

Das geteilte Deutschland

Informationen des LeMO, des Lebendigen virtuellen Museums Online
www.dhm.de/lemo/html/DasGeteilteDeutschland

Das Jahr 1989: Die Volksseele kocht

Das Portal „DDR im WWW" wird von einer privaten Interessengruppe angeboten und bietet eine Chronik zum Jahr 1989 mit Links sowie Literaturhinweisen.
www.ddr-im-www.de/Geschichte/1989.html

Die Berliner Mauer

Informationen zur Geschichte der Mauer, Routenvorschläge für eigene Expeditionen sowie Fotoarchiv und Forum zum Thema
www.die-berliner-mauer.de

Dokumentationszentrum Berliner Mauer

Das Haus mit Sitz in der Bernauer Straße bietet einen Überblick und vertiefende
Informationen zur Geschichte der Berliner Mauer.
www.berliner-mauer-dokumentationszentrum.de

Erinnerungsstätte Notaufnahmelager Marienfelde

Das Museum zur Flucht und Ausreise im geteilten Deutschland
www.notaufnahmelager-berlin.de

Jugendopposition in der DDR

Informationen rund um das Thema Jugendopposition wie Zeitzeugen, Lexikon
und Materialien (auch Filme)
www.jugendopposition.de/index.php?id=1

Mauermuseum am Checkpoint Charlie

Informationen zur Geschichte und Ausstellungsstücke gelungener Fluchten
www.mauer-museum.com

O-Töne

Viele O-Töne zur Geschichte der Mauer kann man sich hier anhören:
www.chronik-der-mauer.de/index.php/de/Start/Index/id/760292

Schüler-Studie zur DDR und zur Bundesrepublik

Experten haben Berliner Schüler zur DDR und zur Bundesrepublik befragt, der Link führt zu
den Ergebnissen.
www.spiegel.de/schulspiegel/wissen/0,1518,516534,00.html

Stasi-Museum

*Das Haus zeigt zum Beispiel die Büros von Erich Mielke, Spionagetechnik und
dokumentiert die Verfolgung durch und den Widerstand gegen die Staatsorgane
in Ostdeutschland von 1945 bis 1989.*
www.stasi-museum.de

Bücher

Verena Artz:
pocket zeitgeschichte – Deutschland 1945–2005; Bonn 2007

Hannes Bahrmann und Christoph Links:
Wir sind das Volk – Die DDR zwischen 7. Oktober und 17. Dezember 1989 –
Eine Chronik; Berlin/Weimar 1990

BStU (Hrsg.):
Feind ist, wer anders denkt – Eine Ausstellung über die Staatssicherheit der DDR;
Berlin 2008

Susanne Fritsche:
Die Mauer ist gefallen – Eine kleine Geschichte der DDR; München 2005

Eckhard Fuhr:
Geschichte der Deutschen 1949–1990 – Eine Chronik zu Politik, Wirtschaft und Kultur;
Frankfurt/Main 1990

Roman Grafe:
Die Grenze durch Deutschland – Eine Chronik von 1945 bis 1990; Berlin 2005

Hans-Hermann Hertle:
Die Berliner Mauer – Monument des Kalten Krieges; Bonn 2007

Informationen zur politischen Bildung:
Heft 250: Der Weg zur Einheit; Bonn 2005
Heft 258: Zeiten des Wandels – Deutschland 1961–1974; Bonn 1998
Heft 270: Deutschland in den 70er- bis 80er-Jahren; Bonn 2001

Guido Knopp:
Der Aufstand – 17. Juni 1953; Hamburg 2003

Bernhard Michalowski u.a.:
Wir sind das Volk! Die DDR im Aufbruch; München 1990

Armin Mitter und Stefan Wolle (Hrsg.):
Ich liebe euch doch alle! – Befehle und Lageberichte des MfS Januar–November 1989;
Berlin 1990

CD-ROM

Peter Pragal und Helfried Schreiter (Hrsg.):
40 Jahre DDR – Eine Chronik in Bildern; Hamburg 1989

Bundeszentrale für politische Bildung:
Damals in der DDR – Zeitzeugen erzählen ihre Geschichte; Bonn 2006

Digitale Bibliothek:
Deutsche Einheit – Dokumente zur Deutschlandpolitik; Berlin 1999

Digitale Bibliothek
Enzyklopädie der DDR; Berlin 2000

Bundesarchiv: S. 16, B 145 Bild-00012764, Fotograf: Perlia-Archiv| S. 16 17, B 145 Bild-00047258|
S. 19, B 145 Bild-00047258| S. 31, Bild 183-1989-0303-027, Fotograf: Hartmut Reiche| S. 31, Bild
183-1989-0303-027, Fotograf: Hartmut Reiche| S. 31, Bild 183-08618-0005, Fotograf: Horst Sturm|
S. 31, Bild 183-1986-0421-044, Fotograf: Rainer Mittelstädt| S. 32, B 145 Bild-00012764| S. 40,
B 145 Bild-00004181, Fotograf: Klaus Schütz| S. 40 41, B 145 Bild-00048503, Fotograf: Wolf| S. 43,
B 145 Bild-00004181, Fotograf: Klaus Schütz| S. 46, B 145 Bild-00048503, Fotograf: Wolf| S. 48,
B 145 Bild-00014723, Fotograf: Klaus Lehnartz| S. 52, B 145 Bild-00014723, Fotograf: Klaus Lehnartz|
S. 66, Bild Y 10-0097-91| S. 66 67, B 145 Bild-00007081, Fotograf: Ludwig Wegmann| S. 70, Bild
Y 10-0097-91| S. 72, B 145 Bild-00007081, Fotograf: Ludwig Wegmann| S. 84, Bild 183-D0314-
0006-001, Fotograf: Klaus Franke| S. 85, Bild 183-54125-0007, Fotograf: Erich Zühlsdorf| S. 98 99,
Bild 183-93243-0002, Fotograf: Burmeister| S. 100, Bild 183-93243-0002, Fotograf: Burmeister|
S. 116, Bild 183-T0709-148, Fotograf: Peter Koard| S. 126, Bild 183-K0205-0013-001, Fotograf:
Sigrid Kutscher (verehe. Kubiziel)| S. 129, Bild 183-21166-0245, Fotograf: Wittig| S. 132, Bild 183-
72865-0001, Fotograf: Schmidt| S. 144, B 145 Bild-00012398, Fotograf: Lothar Schaack| S. 146, Bild
183-R79328| 151, B 145 Bild-00012398, Fotograf: Lothar Schaack| S. 152, Bild 183-W0409-300,
Fotograf: Kolbe| S. 156 157, B 145 Bild-00048569, Fotograf: Klaus Lehnartz| S. 159, B 145 Bild-
00048569, Fotograf: Klaus Lehnartz| S. 172, B 145 Bild-00011542, Fotograf: Arne Schambeck| S. 172
173, Bild 183-1989-1023-022, Fotograf: Friedrich Gahlbeck| S. 175, B 145 Bild-00011542, Fotograf:
Arne Schambeck| S. 182, Bild 183-1989-1023-022, Fotograf: Friedrich Gahlbeck| S. 183, B 145 Bild-
00014730, Fotograf: Evelyn Richter| S. 185, B 145 Bild-00020236, Fotograf: Arne Schambeck| S. 186,
B 145 Bild-00020237, Fotograf: Arne Schambeck| S. 188 189, Bild 183-1989-1104-006, Fotograf:
Peter Zimmermann| S. 188, Bild 183-1989-1222-016, Fotograf: Peer Grimm| S. 191, Bild 183-1989-
1104-006, Fotograf: Peter Zimmermann| S. 193, Bild 183-1989-1109-030, Fotograf: Thomas Lehmann|
S. 195, Bild 183-1989-1118-028| S. 198, Bild 183-1989-1104-006, Fotograf: Peter Zimmermann|
S. 200 201, Bild 183-1990-0424-020, Fotograf: Bernd Settnik| S. 207 Bild 183-1990-0424-020, Foto-
graf: Bernd Settnik| S. 213, Bild 183-1990-0618-306, Fotograf: Hartmut Reiche
Die Hoffotografen: S. 5
dpa Picture-Alliance GmbH, Frankfurt am Main: S. 34 35, ZB – Fotoreport| S. 34, picture-alliance
/ akg-images| S. 44, dpa – Bildarchiv| S. 45, dpa – Fotoreport| S. 48 49, dpa – Report| S. 51, dpa –
Report| S. 63, dpa - Fotoreport| S. 65, dpa – Fotoreport| S. 74, dpa – Report| S. 74 75, dpa – Report|
S. 81, dpa – Report| S. 83, dpa – Report| S. 86, dpa - Bildarchiv| S. 91, dpa – Bildarchiv| S. 98, ZB
– Fotoreport| S. 101, picture-alliance / akg-images| S. 102, picture-alliance / akg-images| S. 108, ZB
– Fotoreport| S. 111, dpa – Report| S. 113, dpa - Report| S. 115, ZB - Fotoreport | S. 116 117, dpa –
Report| S. 125, dpa – Report| S. 134 135, dpa| S. 134, dpa – Bildarchiv| S. 139, dpa – Bildarchiv|
S. 141, dpa – Bildarchiv| S. 142, dpa| S. 144 145, picture alliance / Jazzarchiv| S. 150, picture alliance
/ Jazzarchiv| S. 154, dpa – Bildarchiv| S. 156, dpa – Fotoreport| S. 161, dpa| S. 162, dpa – Bildarchiv|
S. 164 165, dpa - Report| S. 164, dpa – Report| S. 169, dpa – Report| S. 170, dpa - Report
fotolia Deutschland: S. 76, Terric Delayn| S. 93, Instantly| S. 96, Oliver Woelki| S. 96, moonrun|
S. 107, Reinalde Roick| S. 109, Sascha F.| S. 109, Eva Kahlmann
Monika Rittershaus: S. 15
PantherMedia: S. 14, Harald H.| S. 15, Rainer J. | S. 86 87, Harald H.| S. 95, Harald H.| S. 97, Jens
W.| S. 208 209, Rainer J| S. 214, Rainer J.| S. 215, Evelyn T.
PIXELIO: S. 14, oben Mitte, Gerd Altmann| S. 14, Mitte, andi-h| S. 14, Mitte rechts, geralt| S. 14,
unten rechts, gnubier| S. 15, oben links, mad-max| S. 15, oben Mitte, Jochen Sievert| S. 22, Tüti| S. 54
55, andi-h| S. 54, andi-h| S. 57, andi-h| S. 59, andi-h| S. 69, Marco Barnebeck| S. 121, Sabine Geiß-
ler| S. 130, B.Fohrn| S. 197, Daniela Richter| S. 200, Hartmut910| S. 208, mad-max| S. 217, oben,
mad max| S. 217, unten, Laberfischmann| S. 218, mad-max

Mauerfall 192 ff.
Mauerschützen-Prozesse 212
Mauerspecht 197
Mauertote 64
Mecklenburg-Vorpommern 207
Medien 146 ff.
Mehrheitsentscheidungen 27
Meinungsfreiheit 27, 168, 190
Mielke, Erich 70, 191, 211
Militärbündnis 53, 166
Militarisierung 110, 154
Mindestumtausch 108
Minenfeld 60
Minimalkonsens 27
Ministerium für Staatssicherheit (MfS) siehe
Staatssicherheit
Mini-U-Boot 140
Mittelmächte 18
Mittlere Reife 77
Mode 111 f.
Modrow, Hans 199, 203
Mokicks 93
Momper, Walter 196
Montagsdemonstration 181
Moped 93
Moskauer Vertrag 167
Moskwitsch 97
Motorrad 94
Müller, Heiner 151
Musik 148 f., 158

N

Nationale Volksarmee (NVA) 77, 79, 130, 166
Nationalfeiertag 207
Nationalsozialismus 18
NATO 24 f., 53, 166, 170, 206
Neues Deutschland (ND) 146
Neues Forum 184, 203
Nichtsozialistisches Wirtschaftsgebiet (NSW) 126
Niemann-Stirnemann, Gunda 92
Nikolaikirche 181 f.
Nordkorea 88
Normbrecher 126
Notaufnahmelager Marienfelde 221

O

Ökologie 155, 163

Olympia 92
Opposition 4, 69, 160, 174, 190, 202
Ostalgie 216 f.
Ostberlin 40 ff., 63 f., 120, 138, 177, 191 f., 195 f.
Ostblock 105, 130, 166 f., 174, 177, 206
Ostermarsch 170
Österreich 18, 177
Österreich-Ungarn 18
Ostpolitik 167 f.
Otto, Kristin 92

P

Paneuropäisches Picknick 177
Panzersperre 58 f.
Parlamentarischer Rat 23
Parlamentarisches Kontrollgremium 68
Parteidiktatur 28
Pass 88
Passierscheinabkommen 167
Passkontrolleinheit 61
Perestroika 174
Pionier 80 f.
Pionierrepublik Wilhelm Pieck 80
Planwirtschaft 36 ff., 79, 100, 103, 174, 176
Plattenbau 91, 100 f.
Polen 19, 88, 119, 174
Politbüro 30 f.
Polytechnische Oberschule (POS) 77
Powers, Francis Gary 71
Prag 177
Prager Botschaft 177 f., 185
Prager Frühling 168 f.
Presse 146
Privatisierung 211
Produktionsmittel 36
Propaganda 118, 146 ff.
Protest 32 f., 150, 154, 158 ff., 177, 190 ff.
Puhdys 149
Punks 155

R

Radio Eriwan 177
Rat für gegenseitige Wirtschaftshilfe 24
Rathaus Schöneberg 46 f.
Reagan, Ronald 171, 174
Rechtsstaat 6, 23, 28
Reisebüro der DDR 69